QU'EST-CE QUE LE TIERS ÉTAT ?

Dans la même collection

Daniel Arasse, *La Guillotine et l'imaginaire de la Terreur.*
Benjamin Constant, *De la force du gouvernement actuel et de la nécessité de s'y rallier. Des réactions politiques. Des effets de la Terreur.*
François Furet et Mona Ozouf, *Dictionnaire critique de la Révolution française*, 5 tomes.
Annie Jourdan, *La Révolution, une exception française ?*

Sieyès

QU'EST-CE QUE LE TIERS ÉTAT ?

Précédé d'un entretien avec Annie Jourdan
Préface de Jean-Denis Bredin

Champs classiques

ISBN : 978-2-0814-4531-4

Six questions
à Annie Jourdan

Qu'est-ce que le tiers état ? ***est l'un des textes les plus célèbres que nous a légués la Révolution. Comment expliquez-vous qu'il ait encore aujourd'hui une telle aura ?***

« Qu'est-ce que le tiers état ? – TOUT.
Qu'a-t-il été jusqu'à présent dans l'ordre politique ? – RIEN.
Que demande-t-il ? – À ÊTRE QUELQUE CHOSE. »
Ces trois petites phrases ont transfiguré l'abbé Sieyès en « oracle de la Révolution ». Elles prédisent les événements à venir et, par leur clarté lapidaire, ont conquis les contemporains. Au lecteur d'aujourd'hui qui ne sait plus très bien ce qu'était le tiers état, disons simplement que ce terme désignait la masse de la nation, soit le peuple français. De quoi se sentir concerné ! Peut-être cela lui rappellera-t-il tel ou tel film sur la Révolution, où ces questions-réponses, inventées un beau jour

de décembre 1788, soulevaient d'enthousiasme les protagonistes. L'abbé Sieyès, jusqu'alors inconnu ou presque, puisque seul un de ses écrits avait été publié (l'*Essai sur les privilèges*, en 1788), y interpelait les Français ordinaires pour leur rappeler que c'étaient eux – et non les ordres privilégiés – qui constituaient la nation et que, en tant que tels, ils avaient le droit de faire entendre leur voix.

Sieyès, dites-vous, fait figure d'« oracle » et ses mots nous paraissent révolutionnaires avant l'heure. Était-il, en 1788, le premier à tenir ouvertement de tels propos ?

Contrairement à ce que l'on croit souvent, Sieyès n'est pas le premier à exiger une participation égalitaire de tous les Français aux changements en cours. Depuis novembre 1788, après que Louis XVI a demandé à ses sujets de lui communiquer leurs vues sur la réunion à venir des États généraux du royaume, des milliers de brochures, de pétitions et de pamphlets – le *Journal politique*, en 1789, estime leur nombre à 3 000 ou 4 000 – ont envahi la place publique pour exiger du roi une représentation du tiers état proportionnelle au nombre réel de personnes représentées. Le Parlement, en effet, avait décidé de conserver le règlement de 1614, ce qui voulait dire que les trois ordres siégeraient séparément et n'auraient qu'une voix chacun :

cela impliquait que le clergé et la noblesse, bien que numériquement minoritaires, pourraient imposer leur choix à la majorité des Français. D'où un déferlement de publications, plus ou moins virulentes, s'opposant à cet état de choses.

« De nombreux écrits défendent le doublement du nombre de représentants du tiers état et le vote par tête. »

Le *Catéchisme du tiers état à l'usage de toutes les provinces de France* de Pierre-Antoine Antonelle, *À la nation française, sur les vices de son gouvernement [...]* de Rabaut Saint-Étienne, *Des conditions nécessaires à la légalité des États généraux* du comte de Volney, le *Mémoire sur la prochaine tenue des États généraux* de Jacques-Vincent Delacroix, sans oublier la *Dissertation sur le point de savoir si le roi de France a le droit exclusif d'assembler les États généraux* ou *Le Dernier Mot du tiers état à la noblesse de France*, tous deux anonymes : tous ces écrits défendent le doublement du nombre de représentants du tiers état et le vote par tête. Tout cela, donc, en novembre 1788, alors qu'est réunie une assemblée de notables qui doit donner son avis sur la composition des États généraux et que le roi n'a encore rien décidé. Cette assemblée se prononcera contre le doublement du Tiers avant d'être dissoute le 12 décembre 1788. Les publications se flattent d'influer sur la prise de décision. Elles terrifient assez la Cour pour que les princes de sang fassent part de leur inquiétude : « Sire, l'État est en péril [...] une révolution se prépare dans les principes du gouvernement [...] amenée par la fermentation des esprits. Des institutions réputées sacrées sont converties en questions problématiques ou même décriées comme des injustices [...] tout auteur s'érige en législateur. » Et de rejeter tout changement à venir, et surtout le vote par tête.

Comment expliquez-vous, alors, que ce soit le texte de Sieyès et pas un autre qui soit passé à la postérité ?

Si c'est la brochure de Sieyès qui fait date, ce n'est pas pour rien. Bien accueillie dès les débuts, elle est jugée d'un style sage et mesuré, contrairement aux libelles « de circonstance », friands de polémiques – douze d'entre eux seront du reste condamnés à être lacérés et brûlés, car ils prôneraient l'insubordination et la révolte. Elle sera rééditée quatre fois en 1789, ce qui témoigne bien de son succès, confirmé par les traductions successives, notamment en allemand.

« Sieyès innove sur bien des points. »

C'est que l'écrit de Sieyès innove sur bien des points, que ce soit sur les concepts ou les institutions préconisées. Et surtout, il est concis, précis et pertinent. Le premier chapitre, expressément provocateur, rappelle ce qu'ont déjà affirmé maints pamphlétaires : à savoir que le tiers état est le seul ordre véritablement utile à la société, puisqu'il œuvre en faveur de l'intérêt général, contrairement aux ordres privilégiés qui ne voient pas plus loin que leur pré carré. C'est le Tiers seul qui travaille, qui produit, qui administre, alors que les deux autres ordres occupent des places exclusivement lucratives et honorifiques. Bref, l'abbé démontre que le Tiers « a tout ce qu'il faut pour former une nation complète [...]. Il est l'homme fort et robuste, dont un bras est encore enchaîné » et peut fort bien se passer des citoyens parasites, qui vivent à ses crochets. De là aussi l'idée de renvoyer ces derniers dans les forêts de la Franconie – d'où ils seraient issus.

« Les Français ont pris conscience que leurs droits étaient bafoués. »

Dans le chapitre 2, Sieyès découvre l'origine de cet état de choses dans la conquête des Francs sur les Gaulois. Mais les temps ont changé. On n'est plus au Moyen Âge ou au XIVe siècle, quand triomphait la féodalité, écrit-il dans sa biographie [1]. Entre-temps, les Français ont acquis des lumières et pris conscience que leurs droits étaient bafoués. Et pourquoi avoir honte de descendre des Gaulois ou des Romains, plutôt que des

1. *Notice sur la vie de Sieyès*, attribuée à K.E. Oeslner, Suisse, 1795. Il semblerait que Sieyès l'ait écrite.

Germains ? Les uns n'incarnent-ils pas la civilisation, les autres la barbarie féodale ? Sieyès conclut que le Tiers n'a jamais eu les droits qui lui incombaient et pas non plus de représentation véritable. Il n'était rien et veut devenir quelque chose.

Le chapitre 3 est consacré à ce dernier point. Sieyès y aborde le problème de la représentation. Pour que le peuple ne compte pas pour rien, il importe en effet qu'il ait des représentants qui défendent ses intérêts. Pour ce faire, il lui faut une influence égale à celle des privilégiés. Le doublement du Tiers – qui a été accepté par le roi le 27 décembre 1788 – y contribue, mais pour que ce ne soit pas illusoire, le vote par tête s'impose. Sans cela, le Tiers ne sera jamais quelque chose. Sans cela, ce sera une fois encore la minorité qui fera la loi. Or, la loi doit être l'expression de la volonté générale, comprise par Sieyès comme celle de la « pluralité ». Le clergé et la noblesse peuvent difficilement incarner cette volonté, puisqu'ils sont tout au plus 200 000 personnes, alors que la France compte 25 à 26 millions d'habitants. En vérité, les privilégiés sont des exceptions à la loi commune et ne doivent donc pas peser du même poids sur la chose publique que l'ensemble de la nation.

« Sieyès passe pour un visionnaire : il aurait devancé les bouleversements à venir. »

Les trois derniers chapitres vont plus loin encore, puisqu'ils détaillent les erreurs commises jusque-là par le gouvernement et soulignent à quel point l'inégalité se perpétue ; ils formulent ce qu'il aurait fallu faire et introduisent de nouvelles idées, avant de se clore sur ce qu'il reste à accomplir. Si ces trois chapitres sont rarement lus par nos contemporains, ils l'ont bel et bien été à l'époque. Ce qui permettait aux collègues de Sieyès de le qualifier d'oracle du tiers état, de louer son « esprit supérieur » et son « génie législateur ». Talleyrand le considérait même comme « la plus forte tête de la Révolution » ; et Mirabeau, quelque peu ironique, certes, voyait en lui un « nouveau Mahomet ». « Sublime exterminateur des castes privilégiées » ou « démon redoutable aux antiques préjugés monarchiques », Sieyès passe aussi pour un visionnaire, à l'instar du peintre David ou de Beaumarchais : tous trois auraient devancé de quelques années ou de quelques mois les bouleversements à venir. Les « privilégiés » étaient évidemment moins lyriques à son sujet.

L'argumentation de Sieyès est serrée et soutenue par une vision puissante, qui le range sans conteste parmi les grands penseurs politiques de son temps. Quels sont ses principaux apports théoriques dans ce domaine ?

Sieyès a inventé plusieurs concepts et contribué à renouveler la théorie politique. C'est à lui que l'on doit la notion de nation, en tant que « corps d'associés vivant sous une loi commune et représentés par la même législature » ; c'est lui aussi qui démontre clairement que le tiers état constitue la nation, en ce que lui seul défend le bien général. De là aussi la dénomination d'Assemblée nationale, votée le 17 juin 1789, à son initiative, pour désigner les 661 députés du Tiers. Le « décret était la révolution elle-même », avouera Mme de Staël. On lui doit également la distinction entre pouvoir constitué et pouvoir constituant : le ou plutôt les premiers sont les pouvoirs établis par la Constitution (le législatif, l'exécutif et le judiciaire) ; le deuxième est l'apanage d'une assemblée extraordinaire qui rédige la Constitution.

« Sieyès aurait posé les bases de la monarchie constitutionnelle. »

Sieyès innove encore quand il explique que la représentation est nécessaire dans les sociétés modernes, où le citoyen n'a plus le loisir de s'investir pleinement en politique et quand il y décèle un facteur de liberté accrue pour tous les citoyens. Il s'éloigne ainsi de Rousseau – qui n'appréciait guère le système représentatif et lui préférait la démocratie directe – et annonce en revanche les certitudes de Benjamin Constant, qui le suivra sur plus d'un point, comme du reste Mme de Staël. Constant en viendra même à écrire que Sieyès a posé les bases de la monarchie constitutionnelle et conçu le principe fondamental en politique de la limitation de la souveraineté. Et de fait, tous trois partagent nombre d'idées.

Au-delà de la publication de ce texte, quel fut le rôle de Sieyès dans la Révolution ? Comment a-t-il pris position lors de ses phases successives ?

Au cours de cette première phase, l'abbé – qui n'a d'ecclésiastique que la formation et le nom, puisqu'il n'a jamais prêché, ni confessé et s'est exclusivement consacré à la tâche d'administrateur – intervient régulièrement à la tribune. Il met en pratique les principes qui l'ont fait connaître, notamment les 10, 15, 16, 17, 20 et 23 juin 1789. Ce seront là ses seuls succès. Sa déclaration des droits de l'homme, par exemple, ne l'emporte pas sur celle de ses collègues, malgré la place de choix qu'il confère à la garantie sociale ; elle est jugée trop « métaphysique et fort au-dessus de la portée » de simples mortels ; son opposition à la suppression sans indemnité des dîmes et à la spoliation des biens du clergé ne mène à rien, si ce n'est à le discréditer et à le « dépopulariser » – comme on disait à l'époque. Vexé, le grand homme prend ses distances et s'enferme dans le silence.

Tactique qui, au gré de ses déceptions, lui deviendra familière. Sous l'Assemblée législative (1791-1792), il se retire à la campagne. Ce sont les élections de septembre 1792 qui le ramènent sur le devant de la scène. Durant la Convention, il fait partie du Comité d'instruction publique et est plus discret que jamais – ce qui n'empêche pas les espions britanniques de le dénoncer comme l'instigateur d'un « vaste plan de domination ». Décrit alors comme l'éminence grise de Robespierre et de Saint-Just, Sieyès serait « le Satan de la pièce » – à mille lieux de « la taupe de la Révolution » – qu'aurait justement vu en lui l'Incorruptible.

Le 9 Thermidor, qui met fin au gouvernement d'exception de l'an II, lui restitue une place mieux accordée avec sa réputation. Membre du Comité de salut public thermidorien et plus ou moins impliqué dans le Comité des onze qui a pour tâche de rédiger un nouveau texte de loi, il ne tarde pas à s'exprimer sur les changements à venir. De là datent des idées tout aussi importantes que celles de 1789 : sur la souveraineté qui ne saurait être absolue – comme l'était celle de la monarchie ou celle du Comité de salut public de l'an II – et sur le jury constitutionnaire, un conseil constitutionnel avant la lettre.

« Après Thermidor, Sieyès a approfondi sa pensée politique. »

Se dressant contre la *ré-totale* au profit d'une *ré-publique*, Sieyès a approfondi sa pensée politique. Il ne s'agit plus désormais de concentrer les pouvoirs dans une assemblée unique et omnipotente, mais pas non plus de diviser les pouvoirs à la façon des Anglais ou des Américains. Car, précise-t-il, ce serait conférer aux législateurs « des tâches similaires, au lieu de leur en faire accomplir de complémentaires, concourant au même but ». Sieyès prône dorénavant *l'unité d'action* contre *l'action unique* – ce que les historiens nomment la répartition ou la spécialisation des pouvoirs –, contre les freins et contrepoids anglo-saxons. En d'autres termes, il accepte la création de deux chambres au lieu d'une, mais souhaite « mettre la proposition d'un côté et la décision de l'autre ». Rappelons qu'en 1789, il refusait de diviser l'Assemblée nationale et consentait seulement à la laisser se réunir en sections pour discuter des projets de lois : les événements ont modifié ses conceptions. Il n'aura pas plus de succès auprès de la Convention finissante qu'il n'en avait eu à partir de juillet 1789, ce qui explique qu'il refuse sa nomination au directoire exécutif d'octobre 1796. L'oracle est humilié…

« Parmi les fervents admirateurs qui vantent son génie, Bonaparte ! »

Ces échecs n'entament pas sa réputation. Parmi les fervents admirateurs qui vantent son génie, il en est un que l'on ne s'attendait pas à trouver là : Bonaparte ! Le jeune vainqueur d'Italie entre alors en politique. En septembre 1797, il communique à Talleyrand, ministre des Affaires extérieures, ses idées en la matière, notamment sur le pouvoir exécutif qui devrait être plus puissant qu'il ne l'est dans la Constitution de l'an III. Et, surtout, il souhaite consulter Sieyès et le faire venir en Italie, où l'attendrait une mission digne de son talent : donner à ce pays « une constitution plus analogue aux mœurs et aux habitants, aux circonstances locales et [...] aux vrais principes [1] ». La réaction de Sieyès n'est pas connue. Mais l'ironie de l'histoire, c'est que deux ans plus tard, les deux hommes vont effectivement travailler ensemble... pour renverser la fameuse constitution. L'abbé en ressortira une fois de plus floué !

Ce n'est pas qu'il n'ait entre-temps repensé son système constitutionnel et représentatif. Mais contrairement à Bonaparte qui rêve d'un exécutif puissant, plus indépendant du législatif, Sieyès invente ce qui deviendra une des caractéristiques de la monarchie constitutionnelle : le pouvoir neutre, ou mieux « un roi qui règne mais ne gouverne pas ». Il persiste dans son désir de faire contrôler les lois par un jury, nommé ici Collège des conservateurs.

« Ses idées en matière de représentation évoluent dans un sens peu démocratique. »

S'il y a des constantes dans sa pensée, il y a aussi des glissements. Ses idées en matière de représentation ont ainsi évolué dans un sens peu démocratique. Au suffrage universel à deux degrés mis en place par la Convention, il substitue des listes de confiance et de

1. *Correspondance générale de Napoléon Bonaparte publiée par la Fondation Napoléon*, Fayard, 2004, Lettre du 21 septembre 1797, N° 2065, vol. 1, p. 1196-1198.

notabilité, sur lesquelles le Sénat ou Collège des conservateurs choisira les membres du corps législatif et du Tribunat. Le suffrage comporte désormais trois degrés. C'est bien ce que lui reproche Mme de Staël : d'avoir anéanti l'élection populaire, ce qui dénature le gouvernement représentatif et trahit ses convictions premières. Mais c'est dire que l'expérience vécue dans les années de tourmente a laissé des traces profondes chez cet homme hors du commun. Il n'empêche : au premier degré, celui où vote la masse des citoyens, le suffrage serait universel, sans aucune condition de propriété. De même, et si l'on en croit son ami Boulay de La Meurthe, Sieyès n'aurait pas renoncé à la garantie sociale et aux droits de l'homme et du citoyen [1].

« Le coup d'État du 18 Brumaire sonne le glas d'une carrière mouvementée. »

Le coup d'État du 18 Brumaire an VIII, qui porte Bonaparte au pouvoir, sonne le glas d'une carrière mouvementée. À peine nommé premier consul, le futur empereur se débarrasse bien vite de l'homme qu'il avait auparavant sollicité. Certes, Sieyès devient sénateur et est comblé de cadeaux, notamment un château doté de vastes terres et une rente de 200 000 francs. Ironie suprême : en 1808, l'ardent pourfendeur de la noblesse

1. Boulay de La Meurthe, *Théorie constitutionnelle de Sieyès*, Paris, 1836.

se voit métamorphosé en comte d'Empire. Mais le pire est encore à venir. Lors du retour des Bourbons de 1815, il est l'un des premiers à figurer sur la liste des régicides relaps, condamnés à l'exil [1]. Aux côtés de quelque deux cents de ses collègues, il prend alors la route de Bruxelles, où il demeurera quinze ans. Cette dernière épreuve l'a sans doute dégoûté à jamais de la politique, ainsi qu'en témoignent les propos recueillis par un de ses amis : « Si j'avais su comment tournerait la révolution, je ne m'en serais jamais mêlé. » Il n'était pas le seul exilé à regretter l'issue de la grande aventure. De son refuge prussien, Lazare Carnot partageait les mêmes regrets.

Et si vous deviez résumer en quelques phrases, pour un lecteur du XXIe siècle, le principal héritage de Sieyès ?

Contrairement à nombre de révolutionnaires, Sieyès n'a pas laissé de Mémoires. Il ne nous a pas non plus légué d'écrits d'exil. Seuls subsistent aux Archives nationales dix-neuf cartons, contenant des manuscrits, des notes inachevées, et des fragments de correspondance. Et seuls sont encore lus ses essais et discours politiques, qui donnent toujours à penser sur bien des points : sur le système représentatif, inséparable des

1. Le décret sur les régicides relaps date du 12 janvier 1816. Il fait partie de la loi dite d'amnistie [*sic* !].

sociétés modernes ; sur le contrôle qu'il convient d'y exercer et les sanctions à distribuer aux députés infidèles ; sur la séparation des pouvoirs et leurs spécialisation et interdépendance ; sur la souveraineté qui ne saurait être illimitée ; sur les droits et les devoirs de l'homme en société ; sur son concept de nation, qui n'est ni essentialiste, ni « racialiste » – mais exclusivement politique ; sur l'égalité des droits et la liberté qui en découle ; et *last but not least*, sur l'art social, qui doit conférer à tous les moyens de jouir pleinement du bonheur. Il écrit ainsi : « Les citoyens en commun ont droit à tout ce que l'État peut faire en leur faveur [1]. »

« Sieyès a plus que jamais quelque chose à nous apprendre. »

Sieyès n'est pas un grand démocrate, mais son libéralisme n'exclut pas le souci des humbles ou le bien général. En tant que penseur de la complexité de la société moderne et de la limitation à poser à l'exercice du pouvoir, il a plus que jamais quelque chose à nous apprendre. À nous de poursuivre sa quête du meilleur gouvernement possible !

Annie Jourdan,
historienne spécialiste de la Révolution et du Premier Empire, chercheuse associée à l'Université d'Amsterdam et à l'Institut d'histoire de la Révolution française (Paris I).

1. Marcel Gauchet, *La Révolution des droits de l'homme*, Gallimard, 1989, p. 95.

Préface

Le 5 juillet 1788, Louis XVI décide de convoquer les États généraux. Cette décision – d'où viendra la Révolution – était l'aboutissement d'une longue suite d'hésitations, de contradictions, de mouvements de réformes puis de brusques retours en arrière qui avaient marqué le règne depuis son début. Comment faire face à la crise financière, réduire le déficit galopant de l'État sans bouleverser le système des impôts, remettre en cause les privilèges fiscaux dont jouissaient les ordres privilégiés ? Comment céder aux idées nouvelles, au grand mouvement issu des Lumières, qui ne cessait de discréditer les dogmes, les préjugés, le fanatisme, l'arbitraire, tous les archaïsmes d'une société devenue trop intelligente pour ses structures, sans emporter dans la tourmente la société des ordres, et peut-être la monarchie absolue elle-même ? Louis XVI avait appelé puis congédié Turgot, appelé puis chassé Necker, appelé puis remercié Calonne, appelé Loménie de Brienne puis fait revenir

Necker, ne cessant ainsi de montrer sa faiblesse à travers les oscillations de sa bonne volonté.

En février 1787, sur le conseil de Calonne, Louis XVI a convoqué une « assemblée des Notables », espérant d'elle d'audacieux projets de réforme fiscale, puis il l'a clôturée en mai parce qu'elle en était incapable. En juin 1787, il a organisé des « assemblées provinciales », composées de trois ordres, pourvues d'attributions facultatives, tenté ainsi une immense réforme secouant l'administration royale, réforme mal comprise, mal reçue et dont il ne tirera aucun profit. En juillet 1787, il est entré en conflit avec les parlements. Ceux-ci se sont systématiquement opposés à toute réforme de l'impôt qui « détruisant les distinctions nécessaires amènerait bientôt le désordre général », proclamant en même temps leur hostilité « au despotisme niveleur » de la monarchie [1]. Le roi a réagi en privant les parlements de leurs pouvoirs, puis cédant à leur révolte, aux mouvements de l'opinion, il les leur a rendus. Reste-t-il d'autre perspective, après tant d'échecs, que de réunir les États généraux… qui ne l'ont plus été depuis 1614 ? Chacun semble vouloir les États généraux pour des raisons contraires. En juillet 1788, c'est un projet devenu d'autant plus commun, et commode, qu'il peut reculer les difficultés, et les confier à l'improvisation. Les voici donc

1. Arrêt du parlement de Paris du 3 mai 1788, voir Jean Tulard, préface à *Qu'est-ce que le tiers état*, PUF, 1982.

convoqués, ces fameux États généraux, pour le 1er mai 1789, et Louis XVI, à nouveau conseillé par Necker, décide en décembre 1788 le doublement de la représentation du tiers état, afin qu'elle soit égale à celle des deux ordres privilégiés réunis. Que sera la suite ? La France vit maintenant les yeux fixés sur ses États généraux…

L'arrêt du Conseil du roi convoquant les États généraux sollicitait de « toutes les personnes instruites du royaume […] d'envoyer renseignements ou mémoires relatifs à la prochaine convocation des États généraux » : étrange procédure qui marquait l'importance de l'opinion dans la société française et aussi la bonne volonté, ou la faiblesse, de la monarchie.

Les brochures, les libelles, n'avaient cessé de circuler tout au long du XVIIIe siècle. Leur nombre, traduisant les revendications de l'esprit nouveau et le prestige de l'écrit, s'était toujours multiplié depuis 1770. L'invitation royale encouragea encore le mouvement. Les écrits seront innombrables, dès la fin de 1788 et dans les premiers mois de 1789. On en comptera plusieurs millions, essais, pamphlets, « nouvelles à la main », publications de tous genres, venus d'auteurs dont les noms ne resteront pas tous inconnus : Mounier, Volney, Mirabeau, Robespierre, Sieyès…

Emmanuel Sieyès était né le 3 mai 1748 à Fréjus où son père exerçait les fonctions de directeur des postes. Parce qu'il était de santé fragile, aussi parce que son père comptait sur lui pour qu'il fît carrière, et aidât ses frères et sœurs, on le destina à la carrière ecclésiastique. Il fit ses études à Paris, au petit séminaire de Saint-Sulpice, puis au séminaire de Saint-Firmin, suivant à la Sorbonne les enseignements de théologie. Le 28 juillet 1772, il reçut la prêtrise sans autre conviction que sa volonté de réussir.

Sieyès eut la chance de trouver un protecteur influent en Monseigneur de Lubersac, prélat philosophe, et disait-on fort galant homme. Lubersac – nommé évêque de Tréguier en 1775 – le prit pour secrétaire, puis, en 1780, désigné comme évêque de Chartres, il fit de l'abbé Sieyès son grand vicaire, et semble-t-il son collaborateur le plus proche. Ainsi s'ouvrait à Monsieur le Grand Vicaire, membre du chapitre de Chartres, la perspective d'une carrière ecclésiastique honorable, seulement honorable, car les roturiers n'accédaient plus aux évêchés peu à peu devenus, tout au long du XVIIIe siècle, le privilège des nobles. Mais Sieyès regardait ailleurs. Très tôt il avait lu, avec passion, les philosophes, les économistes, les politiques, tous les livres qu'il découvrait. Il avait griffonné de son écriture rageuse, à peu près illisible, des centaines de pages, sur le cerveau humain, sur les langues, sur l'entendement, sur la raison, sur la société, sur l'économie, sur l'« art social ». Il avait fixé les principes, tracé les plans d'une société nouvelle que commanderaient l'intelligence et la raison. À Tréguier, puis à Chartres, à Paris où il passait l'essentiel de son temps, il avait fréquenté les salons, les sociétés de pensée, il avait rencontré beaucoup d'esprits nouveaux, formés par les Lumières, pressés, comme lui, de bousculer les dogmes et les privilèges. Et il avait appris, notamment en fréquentant les hiérarchies de l'Église, une haine des privilégiés qui serait le moteur essentiel de son action.

Dans l'été 1788, l'abbé Sieyès s'enferme à la campagne [1]. Il rédige d'abord, et très vite, ses *Vues sur les moyens d'exécution dont les représentants de la France pourront disposer en 1789* dont il suspend momentanément la publication : elles ne seront publiées, anonymement, qu'au début de 1789. Travaillant sans désemparer, il rédige aussitôt un *Essai sur les privilèges*, qu'il publiera anonymement en décembre 1788. Puis il consacre les mois de novembre et de décembre à écrire *Qu'est-ce que le tiers état ?* La brochure est éditée et diffusée dès janvier 1789 [2]. Elle connaît aussitôt un

1. Sieyès avait beaucoup travaillé sur les États généraux. On trouve aux Archives nationales (A.N. Fonds Sieyès 284 AP 3) des « notes historiques » dont certaines datées de 1788 sur les États généraux de 1484, 1576, 1588, 1614, sur l'organisation des États et la composition des ordres.

2. La brochure de Sieyès a été plusieurs fois rééditée, en 1796, 1799, 1822, 1839. Puis, en 1888, Edme Champion et Alphonse Aulard (Société de l'histoire de la Révolution française, comité d'études pour la préparation historique du centenaire de 1789) en ont donné une édition critique, qui a été rééditée aux Presses Universitaires de France en 1982 avec une préface de

succès foudroyant. Plus de 30 000 exemplaires sont enlevés en quelques semaines [1], quatre éditions se succèdent – légèrement différentes –, les trois premières sont anonymes, la quatrième porte le nom de l'auteur. On se passe le « Tiers » de main en main [2]. On s'aborde au café, dans la rue, en se disant « avez-vous lu le "Tiers" ? » On en fait des lectures publiques dans les cafés à la mode. « Il y a donc un homme en France », écrit le comte de Mirabeau à l'abbé Sieyès, le 23 février 1789, le remerciant de l'envoi de sa brochure et La Fayette assure que la brochure de Sieyès tient le premier rang « dans cette foule d'écrits alors publiés [3] ». Dans la fièvre qui prépare les États généraux, on dirait que l'abbé Sieyès a indiqué les perspectives, fourni les moyens. En quelques semaines, il est célèbre.

Jean Tulard. Roberto Zapperi a donné une édition critique de la version de mai 1789, la plus complète, chez Droz (Genève, 1970), avec une très utile préface. Zapperi a repris *Qu'est-ce que le tiers état* dans sa publication des *Écrits politiques* d'Emmanuel Sieyès, Édition des Archives contemporaines, Paris, 1985.

1. On a soutenu que la brochure aurait eu, « dans un temps où l'on aimait à se prêter les livres », plus d'un million de lecteurs (Eugène Spuller, *Hommes et choses de la Révolution*, Paris, 1896).

2. La première édition – anonyme – est de janvier 1789. Elle comprend 127 pages. La deuxième édition corrigée – qui donna lieu à deux versions successives – ne comporta que de légères modifications. La troisième édition, probablement publiée en mai 1789 avec le nom de l'auteur, et qui compte 180 pages, est un texte complètement remanié.

3. Zapperi, préface à *Qu'est-ce que le tiers état ?*, *op. cit.*, p. 85.

On sait le plan, resté fameux, de la première partie, pédagogiquement exposé par Sieyès en tête de son ouvrage.

1° Qu'est-ce que le tiers état ? – TOUT.

2° Qu'a-t-il été jusqu'à présent dans l'ordre politique ? – RIEN.

3° Que demande-t-il ? – À ÊTRE QUELQUE CHOSE [1].

Le tiers état est TOUT, c'est-à-dire « une nation complète ». Qu'est-ce qu'une nation ? C'est un « corps d'associés vivant sous une loi commune ». La noblesse, affirme Sieyès, est étrangère à la nation « d'abord par son principe puisque sa mission ne vient pas du peuple ; ensuite par son objet puisqu'il consiste à défendre non l'intérêt général mais l'intérêt particulier », son intérêt particulier. Ce n'est que timidement – en note – que Sieyès évoque l'autre ordre privilégié, le clergé, dont il est à Chartres un représentant influent. « Je ne parle pas du clergé », car le clergé, à la différence de la noblesse, est une profession, il appartient à l'organisation sociale, il est

1. Chamfort se serait vanté d'avoir soufflé à Sieyès ces formules devenues fameuses : « Qu'est-ce que le tiers état ? – TOUT. Qu'a-t-il été ? – RIEN. » En réalité, on trouve déjà ces formules dans la correspondance antérieure de Sieyès avec son père. « Si la chose eût réussi », écrivait-il à son père en juin 1773, faisant allusion à un « bénéfice » ecclésiastique qu'il avait, un moment, espéré de l'influence de son protecteur, « je devenais *tout*, au lieu que je ne suis *rien* ».

« un corps chargé d'un service public ». Ainsi le tiers état – le clergé étant maintenu dans l'ombre – est-il, à lui tout seul, toute la nation. Cette fantastique audace de plume, Sieyès en fera quelques mois plus tard le principe même de la Révolution.

Sieyès n'a pas de peine ensuite à démontrer que le Tiers, jusqu'à présent, n'a RIEN été : rien dans les États généraux, rien dans l'histoire, rien dans la société. Les droits du Tiers sont nuls. Que demande aujourd'hui le tiers état ? À devenir QUELQUE CHOSE. Mais l'abbé Sieyès précise ce qu'est ce « quelque chose », cette revendication minimale d'un tiers état qui pourrait tout revendiquer puisqu'il constitue à lui seul la nation tout entière. Il demande « un nombre de représentants égal à celui des deux autres ordres ensemble ». Quand paraît la brochure, Louis XVI vient de satisfaire cette revendication. Mais il demande en outre – et sans la satisfaction de cette exigence le « doublement » du Tiers serait privé d'efficacité – que les votes aux États généraux soient pris par tête, et non par ordre. Le vote par ordre, affirme Sieyès, est une absurdité. 81 400 « têtes ecclésiastiques », 110 000 « têtes nobles » pourraient tenir en échec la volonté de 25 ou 26 millions d'âmes ! Le vote par ordre est une absurdité, autant qu'une insupportable injustice.

La seconde partie de la brochure, traitant de ce qui a été tenté dans les années passées, de « ce qu'on aurait dû faire », puis de « ce qui reste à faire au Tiers pour prendre la place qui lui est due » est moins connue, et sans doute plus importante. Car c'est là que Sieyès, rassemblant ses idées, propose les instruments de pensée et d'action dont le Tiers se servira. Et d'abord Sieyès dresse le rapide bilan des échecs de Calonne, et de Loménie de Brienne. Il s'en prend à l'assemblée des notables : « Qu'ont fait les notables en 1787 ? Ils ont défendu leurs privilèges contre la nation. C'est qu'au lieu de consulter les notables en privilèges, il aurait fallu consulter des notables en lumières… » Il règle leur compte aux assemblées provinciales qu'il connaît bien, car il a été représentant du clergé à l'assemblée de l'Orléanais : elles ont été dominées par la noblesse, mises au service des privilégiés. Qu'aurait-il fallu faire ? Il eût fallu avoir recours à la nation elle-même. À ce moment de son travail, Sieyès en vient à l'essentiel. Il rédige les phrases qui fixent les principes et indiquent la stratégie. La nation existe avant tout, elle est l'origine de tout. Avant elle, au-dessus d'elle, il n'y a que le droit naturel. La nation doit donc se donner librement sa constitution, et seule elle a le droit de se la donner. Quand la nation se sera donné ses lois constitutionnelles, ses lois fondamentales « auxquelles les corps qui existent et agissent par elles ne peuvent point toucher », elle se donnera « les lois proprement dites, celles qui protègent les citoyens et décident de l'intérêt commun ». Ainsi sont posés les fondements de la société nouvelle : l'abolition des ordres, la souveraineté de la nation, la distinction du pouvoir constituant et des pouvoirs constitués. Mais où prendre la nation ? Là où elle est, c'est-à-dire dans le tiers état. « Les États généraux fussent-ils assemblés, assure Sieyès, sont incompétents à rien décider sur la constitution. » Sur ce point, Sieyès changera d'opinion, ou de méthode, lorsqu'il sera dans l'action. Il aurait fallu selon lui convoquer la nation, l'interroger pour qu'elle se donnât des représentants extraordinaires afin de régler la constitution.

Mais les États généraux sont convoqués. « Que reste-t-il à faire ? » Dans les dernières pages de sa brochure, Sieyès ramasse ce qu'il appelle « le développement de quelques principes », il résume ses idées et ses objectifs. Non, le tiers état ne peut rien attendre des privilégiés, car l'« âme des privilégiés s'est identifiée avec les faveurs de la servitude ». Il ne peut rien attendre que de lui. Quand se réuniront les États généraux, le Tiers devra donc s'assembler à part. « [...] il ne concourra point avec la noblesse et le clergé, il ne votera avec eux ni par ordre ni par têtes. [...] Le Tiers seul, dira-t-on, ne peut pas former les *États généraux*. Eh ! tant mieux ! Il composera une *Assemblée nationale*. » Le tiers état, qui est la nation, constituera seul l'assemblée souveraine. Les privilégiés – qui en tant qu'ordres n'appartiennent pas à la nation – seront libres d'y rentrer « en se purgeant de leurs injustes privilèges ». Et Sieyès porte au comble l'audace et la provocation quand il conclut : « Il est donc certain que les seuls membres non privilégiés sont susceptibles d'être électeurs et députés à l'Assemblée nationale… *Le Tiers suffit à tout ce qu'on peut espérer d'une Assemblée nationale.* »

Ainsi Sieyès excluait-il les ordres privilégiés de la nation, ne leur laissant d'autre perspective que de… rejoindre le tiers état. Nul avant lui n'était jamais allé si loin. Publiant le *tiers état*, Sieyès sait le scandale qu'il prépare, les ennemis qu'il se ménage. Il sait qu'il va trop loin, il le veut, il l'explique : « Lorsque le philosophe perce une route, il n'a à faire qu'aux erreurs ; s'il veut avancer, il doit les abattre sans ménagement ; l'administrateur vient ensuite ; il rencontre les intérêts plus difficiles à aborder, j'en conviens ; ici il faut un talent nouveau, une science plus rare, différente des seules méditations de l'homme de cabinet. » Dans le moment, il est un philosophe qui perce une route. Plus tard, il sera un administrateur, il rencontrera les intérêts, il révélera ce talent nouveau…

Qu'est-ce que le tiers état ? est écrit avec une vigueur, une brutalité, presque une sécheresse, rares au temps de Sieyès. La brochure est nourrie de formules lapidaires, fortes, destinées à rester en mémoire. On y observe le remarquable talent de Sieyès, cette aptitude à simplifier, à brutaliser l'expression pour en assurer le rayonnement et saisir l'opinion, préfiguration du discours politique moderne. Comme l'observe justement Colette Clavreul [1], *Qu'est-ce que le tiers état ?* a été conçu, rédigé par Sieyès comme une œuvre de circonstance, faite pour influer, aussi fort qu'il se peut, sur la conjoncture politique. Sieyès entend « frapper l'ennemi, l'épouvanter même » en proclamant que la noblesse n'est plus rien, qu'elle est hors de la nation. Elle est comme une tumeur dont il faudrait se débarrasser : « Pourquoi [le tiers état] ne renverrait-il pas dans les forêts de la Franconie toutes ces familles qui conservent la folle prétention d'être issues de la race des conquérants… ? » Tocqueville aura beau jeu d'observer, avec la lucidité de l'historien, les outrances, les erreurs du texte de Sieyès, le mépris de l'histoire, « la légèreté qu'il y a à comparer deux cent mille privilégiés à 26 millions d'âmes pour réduire la politique à une règle de proportion », et encore cette raideur, cet orgueil, ce naturel despotique où Tocqueville reconnaîtra – non sans raison – le prêtre qui sommeillait dans le philosophe [2]. Mais l'abbé Sieyès a prévenu ses lecteurs. Il poursuit un objectif. Il mène

1. *Dictionnaire des œuvres politiques*, sous la direction de F. Chatelet, O. Duhamel, E. Pisier, PUF, 1986, « Qu'est-ce que le Tiers état ? », p. 747 *sq*.

2. Tocqueville : « Notes de lecture sur la pensée politique française à la veille de la Révolution » dans « L'Ancien Régime et la Révolution », *Œuvres complètes*, tome II**, fragments et notes inédites sur la Révolution, texte établi et annoté par André Jardin, Gallimard, 1953, p. 139 *sq*.

un combat contre la noblesse. Il entend la placer hors la loi, poser en dogme la souveraineté du Tiers incarnant la nation, l'inciter ainsi à se constituer en Assemblée nationale. Il offre au tiers état la force de quelques principes, et l'esquisse d'une stratégie. Et c'est bien ainsi que fut reçu le pamphlet dans l'opinion publique. La Cour s'émut. L'avocat général Séguier proposa que le livre fût brûlé en place de Grève [1]. À l'inverse, l'ouvrage anima, réchauffa tous ceux qui se préparaient à défendre les droits du Tiers aux États généraux.

Le 19 mai 1789, Sieyès – devenu célèbre – sera élu député du tiers état de la Ville de Paris. Le 20 mai, il rejoindra les États généraux. Le « philosophe » devenu « administrateur » passera de l'écriture à l'action, et ses objectifs deviendront des événements... Les représentants du tiers état ne se joindront pas en mai aux représentants des ordres privilégiés. Ils attendront. Le 17 juin, à l'invitation de Sieyès, ils se constitueront en Assemblée nationale, ils appelleront les représentants des autres ordres à les rejoindre, ils décideront que toute levée d'impôt, toute contribution, devrait désormais être autorisée par eux. Une nouvelle souveraineté était née.

1. Il semble que Chamfort ait réussi à décourager ce projet en faisant inscrire la brochure de Sieyès sur la liste des œuvres d'utilité publique en concours pour le prix de l'Académie française (Zapperi, *op. cit.*, p. 85). Sieyès était, comme Chamfort, membre de l'Académie.

Le Tiers, avait écrit Sieyès, ne peut pas former les États généraux « Eh ! tant mieux ! Il composera une Assemblée nationale ! » C'était chose faite. La révolution légale, « sa » révolution, était accomplie ce 17 juin 1789. La société des ordres était détruite. La monarchie absolue avait vécu, et avec elle l'ancien régime [1].

« Rarement intellectuel engagé, écrit Colette Clavreul, a pu, par la publication d'un écrit, influer aussi vite et aussi fort sur l'histoire de son temps [2]. » Mais, au-delà des événements, la brochure de Sieyès pose les principes essentiels qui marquent la césure entre l'ancien régime et les sociétés modernes, et fondent le droit public nouveau : l'unité et la souveraineté de la nation, la représentation de la nation tout entière par ses représentants élus, la distinction du pouvoir constituant et des pouvoirs constitués. Ce sont les instruments dont se sert encore la démocratie moderne. Sieyès y ajoutera, au fil des ans, ce que l'expérience, la tourmente révolutionnaire lui enseigneront : notamment la limitation du pouvoir constituant par un « jury constitutionnaire », ou un « collège de conservateurs » veillant sur la constitution et les principes fondamentaux du droit. Il précisera, dans les années qui suivront sa brochure, la

1. Voir aussi Jean-Jacques Chevallier, *Les Grandes Œuvres politiques de Machiavel à nos jours*, Paris, A. Colin, 1970, chap. IV, « Qu'est-ce que le Tiers état ? », p. 139 *sq*.

2. Colette Clavreul, *op. cit.*, p. 748.

distinction qui n'est qu'esquissée dans ses écrits de 1788, entre les citoyens actifs, appelés à remplir la fonction élective, et les citoyens passifs, pourvus des droits naturels, protégés par les libertés publiques, mais privés du droit de vote : ce pourquoi Sieyès apparaîtra, à une partie de l'historiographie, comme le symbole de la révolution bourgeoise, fondant la citoyenneté, et l'ordre social, sur la propriété, sur l'éducation, sur le mérite [1]. Et le grand pourfendeur des privilèges nobiliaires sera dénoncé comme le promoteur des privilèges bourgeois [2].

Ce que Sieyès a dit, annoncé en 1788, il l'a mis en œuvre en 1789. Puis la distance n'a cessé de s'accuser entre sa pensée et son action. Celui qui osa un jour dire « la politique est une science que je crois avoir achevée [3] » exerce sans nul doute une influence importante sur la Déclaration des droits de l'homme et sur la Constitution que l'Assemblée constituante vote en 1791. Mais déjà, sur plusieurs points, il est tenu en échec, ainsi sur le veto suspensif reconnu au roi que Sieyès jugeait contraire à la souveraineté de la nation.

---

1. Voir aussi la présentation par Roberto Zaperri des *Écrits politiques* d'Emmanuel Sieyès, Éd. des Archives contemporaines, 1985.

2. Voir notamment Georges Lefebvre, *Études sur la Révolution française*, PUF, 1954, p. 99 *sq*.

3. Étienne Dumont, *Souvenirs sur Mirabeau et sur les deux premières Assemblées législatives*, éd. J. Benebray, Paris, 1951, p. 65.

Élu à la Convention, il vote la mort du roi le 17 janvier 1793, puis il disparaît à peu près. La « taupe de la Révolution », comme l'appelait Robespierre, n'inspire ni le projet de constitution girondine, rédigé par Condorcet ni la constitution jacobine de 1793. Sous la terreur, il s'applique à vivre, tandis que la Révolution, projetée en avant, par la guerre, par l'échafaud, échappe à ses idées. L'oracle revient après la chute de Robespierre, mais il ne parvient pas non plus à imposer au Directoire ses projets constitutionnels, et la constitution de l'an III ne doit à peu près rien à ses théories. Il reprend le pouvoir en mai 1799, organise avec Bonaparte le coup d'État du 18 brumaire. Va-t-il enfin faire triompher la constitution de ses rêves, et tenir le pouvoir ? Bonaparte ménagera son complice de Brumaire, mais il l'écartera savamment. La constitution de l'an VIII tiendra compte de celles des idées de Sieyès qui ne gêneront pas Bonaparte, et le fondateur de la Révolution – qui l'avait ouverte en 1789 puis fermée en 1799 – se retrouvera président du Sénat, richement doté, promu grand officier de la Légion d'honneur, fait comte Sieyès en 1808, lui le grand pourfendeur de la noblesse, désormais enseveli sous les honneurs. Exilé comme régicide en 1815, il vieillira tristement à Bruxelles, reviendra en France sous la monarchie de Juillet, et mourra, à peu près oublié, en 1836.

Calomnié de son vivant comme peu le furent, Sieyès paraît avoir été très mal placé dans l'historiographie révolutionnaire qui a vu en lui tantôt le destructeur de l'ancien régime, le régicide, l'opportuniste qui abandonna ses amis girondins par peur de Robespierre, tantôt l'apôtre de la bourgeoisie, l'organisateur de la république des notables. Depuis un siècle et demi, il a été décrié, caricaturé… ou simplement oublié. Rares sont ceux qui lui consentent sa place, peut-être la première dans l'histoire de la Révolution, et qui reconnaissent le rôle immense qu'a joué dans la pensée politique celui qui fut sans doute l'inventeur du droit public moderne [1].

Mais Sieyès n'a rien fait pour assurer sa gloire, ni se placer dans l'histoire. À ceux qui lui demandaient, durant les dernières années de sa vie, d'écrire ses mémoires, il répondait trop orgueilleusement : « À quoi bon ? Notre œuvre est assez grande pour se passer de commentaires. Nos actes instruiront ceux qui auront la curiosité de connaître nos pensées ; et tous nos avertissements seraient inutiles pour mettre en garde contre nos fautes les hommes qui, venus après nous, n'acquerront notre sagesse qu'au prix des mêmes malheurs. » Et sans doute il ne lui déplaisait pas d'être injustement traité par l'histoire. Il accusait ainsi le portrait qu'il voulait laisser, celui d'un homme trop juste, d'un esprit trop immense pour être jamais reconnu.

Jean-Denis BREDIN

1. Voir notamment Paul Baistid, *Sieyès et sa pensée*, Paris, 1939, réédition Slatkine Reprints, Genève, 1978, p. 622 *sq*.

QU'EST-CE QUE LE TIERS ÉTAT ?

Texte de la 3e édition de 1789, dont l'orthographe a été modernisée.

QU'EST-CE QUE LE TIERS ÉTAT [1] ?

> « Tant que le *philosophe* n'excède point les limites de la vérité, ne l'accusez pas d'aller trop loin. Sa fonction est de marquer le but ; il faut donc qu'il y soit arrivé. Si restant en chemin il osait y élever son enseigne, elle pourrait être trompeuse. Au contraire, le devoir de l'*administrateur* est de *combiner* et de *graduer* sa marche suivant la nature des difficultés... Si le philosophe n'est au but, il ne sait où il est. Si l'administrateur ne voit le but, il ne sait où il va. »

Le plan de cet écrit est assez simple. Nous avons trois questions à nous faire.

1. Cet ouvrage, composé pendant les *Notables* de 1788, a été publié dans les premiers jours de janvier 1789. Il peut servir de suite à l'*Essai sur les Privilèges*.

1° Qu'est-ce que le tiers état ? – TOUT.

2° Qu'a-t-il été jusqu'à présent dans l'ordre politique ? – RIEN.

3° Que demande-t-il ? – À ÊTRE QUELQUE CHOSE.

On va voir si les réponses sont justes. Jusque-là, ce serait à tort qu'on taxerait d'exagération des vérités dont on n'a pas encore vu les preuves. Nous examinerons ensuite les moyens que l'on a essayés, et ceux que l'on doit prendre, afin que le tiers état devienne, en effet, *quelque chose*. Ainsi nous dirons :

4° Ce que les ministres ont *tenté*, et ce que les privilégiés eux-mêmes *proposent* en sa faveur.

5° Ce qu'on aurait *dû* faire.

6° Enfin, ce qui *reste* à faire au Tiers pour prendre la place qui lui est due.

Chapitre premier

LE TIERS ÉTAT EST UNE NATION COMPLÈTE

Que faut-il pour qu'une nation subsiste et prospère ? Des travaux *particuliers* et des fonctions *publiques*.

On peut renfermer dans quatre classes tous les travaux particuliers : 1° La terre et l'eau fournissant la matière première des besoins de l'homme, la première classe, dans l'ordre des idées, sera celle de toutes les familles attachées aux travaux de la campagne. 2° Depuis la première vente des matières jusqu'à leur consommation ou leur usage, une nouvelle main-d'œuvre, plus ou moins multipliée, ajoute à ces matières une valeur seconde plus ou moins composée. L'industrie humaine parvient ainsi à perfectionner les bienfaits de la nature, et le produit brut double, décuple, centuple de valeur. Tels sont les travaux de la seconde classe. 3° Entre la production et la consommation, comme aussi entre les différents degrés de production, il s'établit une foule d'agents intermédiaires, utiles tant aux producteurs qu'aux consommateurs. Ce sont les marchands et les négociants ; les négociants qui, comparant sans cesse les besoins des lieux et des temps, spéculent sur le profit de la garde et du transport ; les marchands qui se chargent, en dernière analyse, du débit soit en gros, soit en détail. Ce genre d'utilité caractérise la troisième classe. 4° Outre ces trois classes de citoyens laborieux et utiles qui s'occupent de l'*objet* propre à la consommation et à l'usage, il faut encore dans une société une multitude de travaux particuliers et de soins *directement* utiles ou agréables à la *personne*. Cette quatrième classe embrasse depuis les professions scientifiques et libérales les plus distinguées jusqu'aux services domestiques les moins estimés.

Tels sont les travaux qui soutiennent la société. Qui les supporte ? Le tiers état.

Les fonctions publiques peuvent également, dans l'état actuel, se ranger toutes sous quatre dénominations connues, l'Épée, la Robe, l'Église et l'Administration. Il serait superflu de les parcourir en détail pour faire voir que le tiers état y forme partout les dix-neuf vingtièmes, avec cette différence qu'il est chargé de tout ce qu'il y a de vraiment pénible, de tous les soins que l'ordre privilégié refuse d'y remplir. Les places lucratives et honorifiques seules y sont occupées par des membres de l'ordre privilégié. Lui en ferons-nous un mérite ? Il faudrait pour cela, ou que le Tiers refusât de remplir ces places, ou qu'il fût moins en état d'en exercer les fonctions. On sait ce qui en est. Cependant on a osé frapper l'ordre du Tiers d'interdiction. On lui a dit : « Quels que soient tes services, quels que soient tes talents, tu iras jusque-là ; tu ne passeras pas outre. Il n'est pas bon que tu sois honoré. » De rares exceptions, senties comme elles doivent l'être, ne sont qu'une dérision, et le langage qu'on se permet dans ces occasions, une insulte de plus.

Si cette exclusion est un crime social envers le tiers état, si c'est une véritable hostilité, pourrait-on dire au moins qu'elle est utile à la chose publique ? Eh ! ne connaît-on pas les effets du monopole ? S'il décourage ceux qu'il écarte, ne sait-on pas qu'il rend moins habiles ceux qu'il favorise ? Ne sait-on pas que tout ouvrage dont on éloigne la libre concurrence sera fait plus chèrement et plus mal ?

En dévouant une fonction quelconque à servir d'apanage à un ordre distinct parmi les citoyens, a-t-on fait attention que ce n'est plus alors seulement l'homme qui travaille qu'il faut salarier, mais aussi tous ceux de la même caste qui ne sont pas employés, mais aussi les familles entières de ceux qui sont employés et de ceux qui ne le sont pas ? A-t-on remarqué que dès que le gouvernement devient le patrimoine d'une classe particulière, il s'enfle bientôt hors de toute mesure, les places s'y créent, non pour le besoin des gouvernés, mais pour celui des gouvernants, etc. ? A-t-on fait attention que cet ordre de choses, bassement, et j'ose le dire, *bêtement* respecté parmi nous, nous le trouvons en lisant l'histoire de l'ancienne Égypte et les relations de voyages aux grandes Indes, méprisable, monstrueux, destructif de toute industrie, ennemi des progrès sociaux, surtout avilissant pour l'espèce humaine en général et intolérable en particulier pour des Européens, etc. [1] ? Mais il faut laisser des considérations qui en agrandissant la question, en l'éclairant, peut-être, par de nouveaux veaux jours, ralentiraient pourtant notre marche [2].

Il suffit ici d'avoir fait sentir que la prétendue utilité d'un ordre privilégié pour le service public n'est qu'une chimère ; que sans lui tout ce qu'il y a de pénible dans ce service est acquitté par le Tiers ; que sans lui les places supérieures seraient infiniment mieux remplies ; qu'elles devraient être naturellement le lot et la récompense des talents et des services reconnus ; et que si les privilégiés sont parvenus à usurper tous les postes lucratifs et honorifiques, c'est tout à la fois une iniquité odieuse pour la généralité des citoyens et une trahison pour la chose publique.

Qui donc oserait dire que le tiers état n'a pas en lui tout ce qu'il faut pour former une nation complète ? Il est l'homme fort et robuste dont un bras

1. Voyez au sujet des castes indiennes, l'*Histoire philosophique et politique des deux Indes*, Liv. 1.

2. Qu'on nous permette seulement de faire observer combien il est souverainement absurde, lorsqu'on soutient, d'un côté, avec éclat que la nation n'est pas *faite* pour son chef, de vouloir, d'un autre côté, qu'elle soit *faite* pour les aristocrates.

est encore enchaîné. Si l'on ôtait l'ordre privilégié, la nation ne serait pas quelque chose de moins, mais quelque chose de plus. Ainsi, qu'est-ce le Tiers ? Tout, mais un tout entravé et opprimé. Que serait-il sans l'ordre privilégié ? Tout, mais un tout libre et florissant. Rien ne peut aller sans lui ; tout irait infiniment mieux sans les autres.

Il ne suffit pas d'avoir montré que les privilégiés, loin d'être utiles à la nation, ne peuvent que l'affaiblir et lui nuire ; il faut prouver encore que l'*ordre* noble [1]

---

1. Je ne parle pas du clergé. Si vous le considérez comme un corps chargé d'un service public, il appartient à l'organisation sociale, puisque tout service public fait partie du gouvernement. Lorsqu'on dit que le clergé est plutôt une *profession* qu'un *ordre*, les ecclésiastiques du XIe siècle, ou qui par calcul font semblant d'en être, se plaignent qu'on les déprime ; ils ont tort. C'est précisément parce que le clergé est une profession qu'il est quelque chose parmi nous. S'il n'était qu'un *ordre*, il ne serait rien de réel. Plus on fera de progrès dans la science morale et politique, plus on se convaincra qu'il n'y a, dans une société, que des professions privées et des professions publiques. Hors de là, ce ne sont que billevesées ou dangereuses chimères ou institutions pernicieuses. Ainsi, quand je soutiens que le clergé ne doit pas faire un ordre, ce n'est pas pour le rabaisser au-dessous de la noblesse. Il ne doit pas faire un *ordre*, parce qu'il ne doit pas y avoir de distinction d'*ordres* dans une nation. Si l'on pouvait les y admettre, il vaudrait mieux sans doute accorder ce privilège à des hommes qui présenteraient le titre d'une élection sacerdotale qu'à des hommes qui n'ont pour soutenir leurs prétentions qu'un extrait de baptême à offrir. Car enfin, on peut bien empêcher un homme sans talents ou sans probité d'entrer dans le clergé ; mais pouvez-vous empêcher quelqu'un d'être né ?

n'entre point dans l'organisation sociale ; qu'il peut bien être une *charge* pour la nation, mais qu'il n'en saurait faire une partie.

D'abord, il n'est pas possible dans le nombre de toutes les parties élémentaires d'une nation de trouver où placer la *caste* [1] des nobles. Je sais qu'il est des individus, en trop grand nombre, que les infirmités, l'incapacité, une paresse incurable ou le torrent des mauvaises mœurs rendent étrangers aux travaux de la société. L'exception et l'abus sont partout à côté de la règle, et surtout dans un vaste empire. Mais l'on conviendra que moins il y a de ces abus, mieux l'État passe pour être ordonné. Le plus mal ordonné de tous serait celui où non seulement des particuliers isolés, mais une classe entière de citoyens mettrait sa gloire à rester immobile au milieu du mouvement

1. C'est le vrai mot. Il désigne une classe d'hommes qui, sans fonctions comme sans utilité et par cela seul qu'ils existent, jouissent de privilèges attachés à leur personne. Sous ce point de vue, qui est le vrai, il n'y a qu'une caste privilégiaire, celle de la noblesse. C'est véritablement un peuple à part, mais un faux peuple qui, ne pouvant à défaut d'organes utiles exister par lui-même, s'attache à une nation réelle comme ces tumeurs végétales qui ne peuvent vivre que de la sève des plantes qu'elles fatiguent et dessèchent. Le Clergé, la Robe, l'Épée et l'Administration font quatre classes de mandataires publics nécessaires partout. Pourquoi les accuse-t-on en France d'*aristocracisme* ? C'est que la caste noble en a usurpé toutes les bonnes places ; elle s'en est fait comme un bien héréditaire ; aussi l'exploite-t-elle, non dans l'esprit de la loi sociale, mais à son profit particulier.

général et saurait consumer la meilleure part du produit, sans avoir concouru en rien à le faire naître. Une telle classe est assurément étrangère à la nation par sa *fainéantise*.

L'ordre noble n'est pas moins étranger au milieu de nous par ses prérogatives *civiles et politiques*.

Qu'est-ce qu'une nation ? Un corps d'associés vivant sous une loi *commune* et représentés par la même *législature*, etc.

N'est-il pas trop certain que l'ordre noble a des privilèges, des dispenses, qu'il ose appeler ses droits, séparés des droits du grand corps des citoyens ? Il sort par là de l'ordre commun, de la loi commune. Ainsi ses droits civils en font déjà un peuple à part dans la grande nation. C'est véritablement *imperium in imperio*.

À l'égard de ses droits *politiques*, il les exerce aussi à part. Il a ses représentants à lui, qui ne sont nullement chargés de la procuration des peuples. Le corps de ses députés siège à part ; et quand il s'assemblerait dans une même salle avec les députés des simples citoyens, il n'en est pas moins vrai que sa représentation est essentiellement distincte et séparée ; elle est étrangère à la nation, d'abord par son *principe*, puisque sa mission ne vient pas du peuple ; ensuite par son *objet*, puisqu'il consiste à défendre non l'intérêt général, mais l'intérêt particulier.

Le Tiers embrasse donc tout ce qui appartient à la nation ; et tout ce qui n'est pas le Tiers ne peut pas se regarder comme étant de la nation. Qu'est-ce que le Tiers ? TOUT [1].

---

1. Un auteur estimable a voulu être plus exact. Il a dit : « Le tiers état est la nation *moins* le clergé et la noblesse. » J'avoue que je n'aurais jamais eu la force d'annoncer cette grande vérité. Quelqu'un peut venir qui dira : « La noblesse est la nation *moins* le clergé et le tiers état ; le clergé est la nation *moins* le tiers état et la noblesse. » Ce sont là assurément des propositions géométriquement démontrées. Je vous en demande pardon ; mais si vous n'avez pas eu le projet de n'articuler qu'une vérité simplement niaise ; si vous avez conçu auparavant ce qu'est une nation, quelles en sont les parties intégrantes, comment il n'y a que des travaux publics et des travaux particuliers, et comment le tiers état suffit pour remplir tous ces travaux ; si vous avez observé que les secours que l'État retire, à cet égard, d'une caste privilégiée sont excessivement ruineux ; si vous avez vu qu'à ces tristes privilèges tiennent toutes les erreurs et tous les maux qui affligent et affligeront longtemps encore la nation française ; si vous savez qu'il ne faut dans une monarchie, comme dans tous les régimes politiques quelconques, que des gouvernants et des gouvernés, et qu'une caste, à qui le plus sot préjugé permet d'usurper toutes les places et de vivre de privilèges, n'offrira bientôt que des gouvernants avec despotisme et des gouvernés avec insubordination, qu'elle sera la plus rude charge que le ciel, dans sa colère, ait pu imposer à un peuple, et deviendra un obstacle presque insurmontable à tout projet de retour à la justice, à tout progrès vers l'ordre social ; si votre esprit, dis-je, a saisi promptement toutes ces vérités et mille autres qui appartiennent également à notre sujet, comment n'avoir pas énoncé franchement que le Tiers est tout ? Comment avez-vous pu conclure une telle suite de considérations par ce froid corollaire : « Le Tiers est la nation *moins* le clergé et la noblesse ? »

Chapitre II

QU'EST-CE QUE LE TIERS ÉTAT A ÉTÉ JUSQU'À PRÉSENT ? RIEN

Nous n'examinerons point l'état de servitude où le peuple a gémi si longtemps, non plus que celui de contrainte et d'humiliation où il est encore retenu. Sa condition civile a changé ; elle doit changer encore. Il est bien impossible que la nation en corps, ou même qu'aucun ordre en particulier devienne libre, si le tiers état ne l'est pas. On n'est pas libre par des privilèges, mais par les droits de citoyen, droits qui appartiennent à tous.

Que si les aristocrates entreprennent, au prix même de cette liberté dont ils se montreraient indignes, de retenir le peuple dans l'oppression, il osera demander à quel titre. Si l'on répond à titre de conquête, il faut en convenir, ce sera vouloir remonter un peu haut. Mais le Tiers ne doit pas craindre de remonter dans les temps passés. Il se reportera à l'année qui a précédé la conquête ; et puisqu'il est aujourd'hui assez fort pour ne pas se laisser conquérir, sa résistance sans doute sera plus efficace. Pourquoi ne renverrait-il pas dans les forêts de la

Franconie toutes ces familles qui conservent la folle prétention d'être issues de la race des conquérants et d'avoir succédé à *des droits de conquête* ?

La nation, alors épurée, pourra se consoler, je pense, d'être réduite à ne se plus croire composée que des descendants des Gaulois et des Romains. En vérité, si l'on tient à vouloir distinguer naissance et naissance, ne pourrait-on pas révéler à nos pauvres concitoyens que celle qu'on tire des Gaulois et des Romains vaut au moins autant que celle qui viendrait des Sicambres, des Welches et autres sauvages sortis des bois et des marais de l'ancienne Germanie ? Oui, dira-t-on ; mais la conquête a dérangé tous les rapports, et la noblesse de naissance a passé du côté des conquérants. Eh bien ! il faut la faire repasser de l'autre côté ; le Tiers redeviendra noble en devenant conquérant à son tour.

Mais, si tout est mêlé dans les races, si le sang des Francs, qui n'en vaudrait pas mieux séparé, coule confondu avec celui des Gaulois, si les ancêtres du tiers état sont les pères de la nation entière, ne peut-on espérer de voir cesser un jour ce long parricide qu'une classe s'honore de commettre journellement contre toutes les autres ? Pourquoi la raison et la justice fortes un jour, autant que la vanité, ne presseraient-elles pas les privilégiés de solliciter eux-mêmes, par un intérêt nouveau, mais plus vrai, plus social, leur *réhabilitation* dans l'ordre du tiers état ?

Suivons notre objet. Il faut entendre par le tiers état l'ensemble des citoyens qui appartiennent à l'ordre commun. Tout ce qui est privilégié par la loi, de quelque manière qu'il le soit, sort de l'ordre commun, fait exception à la loi commune et par conséquent n'appartient point au tiers état. Nous l'avons dit : une loi commune et une représentation commune, voilà ce qui fait *une* nation. Il est trop vrai, sans doute, que l'on n'est *rien* en France, quand on n'a pour soi que la protection de la loi commune. Si l'on ne tient pas à quelque privilège, il faut se résoudre à endurer le mépris, l'injure et les vexations de toute espèce. Pour s'empêcher d'être tout à fait écrasé, que reste-t-il au malheureux non privilégié ? La ressource de s'attacher par toutes sortes de bassesses à un grand ; il achète au prix de ses mœurs et de la dignité d'homme la faculté de pouvoir, dans les occasions, se réclamer de *quelqu'un*.

Mais c'est moins dans son état civil que dans ses rapports avec la constitution que nous avons à considérer ici l'ordre du Tiers. Voyons ce qu'il est aux États généraux.

Quels ont été ses prétendus représentants ? Des anoblis ou des privilégiés à terme. Ces faux députés n'ont pas même toujours été l'ouvrage libre de l'élection des peuples. Quelquefois aux États généraux et presque partout dans les États provinciaux, la représentation du peuple est regardée comme un droit de certaines charges ou offices.

L'ancienne noblesse ne peut pas souffrir les nouveaux nobles ; elle ne leur permet de siéger avec elle que lorsqu'ils peuvent prouver, comme l'on dit, quatre générations et cent ans. Ainsi, elle les repousse dans l'ordre du tiers état, auquel évidemment ils n'appartiennent plus [1].

Cependant aux yeux de la loi tous les nobles sont égaux, celui d'hier comme celui qui réussit bien ou mal à cacher son origine ou son usurpation. Tous ont les mêmes privilèges. L'opinion seule les distingue.

---

1. L'ancienne vanité vient sur cela de céder à un intérêt mieux entendu. Dans les pays d'élection la noblesse des bailliages a senti qu'il n'était pas adroit d'irriter les nouveaux nobles et de les forcer de soutenir par dépit le parti du Tiers. Les pays d'états, etc., avaient adopté cette conduite malhabile. L'expérience a montré que c'était une faute ; on s'en corrige et l'on admet tous ceux dont la noblesse est *transmissible*, de sorte que plusieurs personnes, qui dans les pays d'états et les assemblées provinciales n'avaient pu siéger que dans le Tiers, ont été, dans les bailliages, et seront, aux États généraux, reçues sans difficulté dans l'ordre de la noblesse. Mais encore, que signifie cette distinction entre les nobles qui peuvent transmettre la noblesse et ceux qui ne peuvent pas, dit-on, la *transmettre ?* Eh bien, qu'ils ne la *transmettent* pas, cela ne regarde que leurs enfants ; mais il n'est pas question de faire délibérer dans nos assemblées les enfants à qui leurs pères n'ont pas encore transmis la noblesse ; il ne s'agit que des pères qui sûrement ont acquis, au moins pour eux, en vertu d'un brevet, ce que vous dites qu'ils n'ont point encore acquis pour leur génération. *Personnellement* ils sont nobles ; admettez donc leur *personne* à voter dans l'enceinte de la noblesse.

Mais si le tiers état est forcé de supporter un préjugé consacré par la loi, il n'y a pas de raison pour qu'il se soumette à un préjugé contre le texte de la loi.

Qu'on fasse des nouveaux nobles tout ce qu'on voudra ; il est sûr que dès l'instant qu'un citoyen acquiert des privilèges contraires au droit commun, il n'est plus de l'ordre commun. Son nouvel intérêt est opposé à l'intérêt général ; il est inhabile à voter pour le peuple.

Ce principe incontestable écarte pareillement de la représentation de l'ordre du Tiers les simples privilégiés à terme. Leur intérêt est aussi plus ou moins ennemi de l'intérêt commun ; et quoique l'opinion les range dans le tiers état et que la loi reste muette à leur égard, la nature des choses, plus forte que l'opinion et la loi, les place invinciblement hors de l'ordre commun.

Dira-t-on que vouloir distraire du tiers état non seulement les privilégiés héréditaires, mais encore ceux qui ne jouissent que de privilèges à terme, c'est vouloir, de gaieté de cœur, affaiblir cet ordre en le privant de ses membres les plus éclairés, les plus courageux et les plus estimés ?

Il s'en faut bien que je veuille diminuer la force ou la dignité du tiers état, puisqu'il se confond toujours dans mon esprit avec l'idée d'une nation. Mais quel que soit le motif qui nous dirige, pouvons-nous faire que la vérité ne soit pas la vérité ? Parce qu'une armée a eu le malheur de voir déserter ses meilleures troupes, faut-il encore qu'elle leur confie son camp à défendre ? Tout privilège, on ne saurait trop le répéter, est opposé au droit commun ; donc tous les privilégiés, sans distinction, forment une classe différente et opposée au tiers état. En même temps, j'observe que cette vérité ne doit rien avoir d'alarmant pour les amis du peuple. Au contraire, elle ramène au grand intérêt national en faisant sentir avec force la nécessité de supprimer à l'instant tous les privilèges à terme [1] qui divisent le tiers état et sembleraient condamner cet ordre à mettre ses destinées entre les mains de ses ennemis. Au reste, il ne faut point séparer cette observation de celle qui suit : l'abolition des privilèges dans le tiers état n'est pas la perte des exemptions dont quelques-uns de ses membres jouissent. Ces exemptions ne sont autre chose que le droit commun. Il a été souverainement injuste d'en priver la généralité du peuple. Ainsi je réclame, non la perte d'un droit, mais sa restitution [2] ; et si l'on m'oppose qu'en rendant communs quelques-uns de ces privilèges, comme par exemple celui de ne point

1. Quelques officiers municipaux, les procureurs au Présidial de Rennes, etc., ont déjà donné le bel exemple de renoncer à toutes exemptions ou privilèges qui les distingueraient du peuple.

2. Il est sûr que la communauté des privilèges est le meilleur moyen de rapprocher les ordres et de préparer la plus importante des lois, celle qui convertira les ordres en *une* nation.

tirer à la milice [1], on s'interdirait le moyen de remplir un besoin social, je réponds que tout besoin public doit être à la charge de tout le monde et non d'une classe particulière de citoyens, et qu'il faut être aussi étranger à toute réflexion qu'à toute équité pour ne pas trouver un moyen plus national de compléter et de maintenir tel état militaire qu'on veuille avoir.

Ainsi, soit à défaut total d'élection, soit pour n'avoir pas été élus par la généralité des membres du Tiers des villes et des campagnes qui avaient droit à se faire représenter, soit parce qu'à titre de privilégiés ils n'étaient pas même éligibles, les prétendus députés du Tiers qui ont paru jusqu'à présent aux États généraux n'avaient point la véritable procuration du peuple.

On paraît quelquefois étonné d'entendre se plaindre d'une triple *aristocratie* d'Église, d'Épée et de Robe. On veut que ce ne soit là qu'une manière de parler ; mais cette expression doit être prise à la rigueur. Si les États généraux sont l'interprète de la volonté générale et ont, à ce titre, le pouvoir législatif, n'est-il pas certain que là est une véritable aristocratie, où les États généraux ne sont qu'une assemblée *clérico-nobili-judicielle*.

1. Je ne puis m'empêcher de marquer mon étonnement de ce que les gentilshommes sont exempts de tirer à la milice ! C'est mépriser bien haut le seul prétexte auquel on cherche à rallier tant de prétentions surannées ! De quoi demandera-t-on le prix, si ce n'est *du sang versé pour le roi* ? M. C…, par sa citation, a frappé cet éternel refrain d'un ridicule ineffaçable : « Le sang du peuple était-il donc de l'eau ! »

Ajoutez à cette effrayante vérité que, d'une manière ou d'autre, toutes les branches du pouvoir exécutif sont tombées aussi dans la caste qui fournit l'Église, la Robe et l'Épée. Une sorte d'esprit de confraternité ou de *compérage* fait que les nobles se préfèrent entre eux, et pour tout, au reste de la nation. L'usurpation est complète ; ils règnent véritablement.

Qu'on lise l'histoire avec le projet d'examiner si les faits sont conformes ou contraires à cette assertion et l'on assurera, j'en ai fait l'expérience, que c'est une grande erreur de croire que la France soit soumise à un régime monarchique. Ôtez de nos annales quelques années de Louis XI, de Richelieu, et quelques moments de Louis XIV, où l'on ne voit que despotisme tout pur, vous croirez lire l'histoire d'une aristocratie *aulique*. C'est la cour qui a régné et non le monarque. C'est la cour qui fait et défait, qui appelle et renvoie les ministres, qui crée et distribue les places, etc. Et qu'est-ce que la cour, sinon la tête de cette immense aristocratie qui couvre toutes les parties de la France, qui par ses membres atteint à tout et exerce partout ce qu'il y a d'essentiel dans toutes les parties de la chose publique ? Aussi le peuple s'est-il accoutumé à séparer dans ses murmures le monarque des moteurs du pouvoir. Il a toujours regardé le roi comme un homme si sûrement trompé et tellement sans défense au milieu d'une cour active et toute-puissante qu'il n'a jamais pensé à lui imputer tout le mal qui s'est fait sous son nom. Ne suffit-il pas enfin d'ouvrir les yeux sur ce qui se passe, en ce moment, autour de nous ? Que voit-on ? L'aristocratie seule combattant tout à la fois la raison, la justice, le peuple, le ministre et le roi. L'issue de cette terrible lutte est encore incertaine ; qu'on dise si l'aristocratie est une chimère !

Résumons : le tiers état n'a pas eu jusqu'à présent de vrais représentants aux États généraux. Ainsi ses droits politiques sont nuls.

Chapitre III

QUE DEMANDE LE TIERS ÉTAT ? À DEVENIR QUELQUE CHOSE

Il ne faut point juger de ses demandes par les observations isolées de quelques auteurs plus ou moins instruits des droits de l'homme. Le tiers état est encore fort reculé à cet égard, je ne dis pas seulement sur les lumières de ceux qui ont étudié l'ordre social, mais encore sur cette masse d'idées communes qui forment l'opinion publique. On ne peut apprécier les véritables pétitions du Tiers que par les réclamations authentiques que les grandes municipalités du royaume ont adressées au gouvernement. Qu'y voit-on ? Que le peuple veut être *quelque chose*, et en vérité le moins qu'il est possible. Il veut avoir, 1° de vrais représentants aux États généraux, c'est-à-dire des députés *tirés de son ordre*, qui soient habiles à être les interprètes de son vœu et les défenseurs de ses intérêts. Mais à quoi lui servirait d'assister aux États généraux, si l'intérêt contraire au sien y prédominait ! Il ne ferait que consacrer par sa présence l'oppression dont il serait l'éternelle victime. Ainsi, il est bien certain qu'il ne peut venir voter aux États généraux, s'il ne doit pas y avoir *une influence au moins égale à celle des privilégiés*, et il demande, 2° un nombre de représentants égal à celui des deux autres ordres ensemble. Enfin, cette égalité de représentation deviendrait parfaitement illusoire, si chaque chambre avait sa voix séparée. Le Tiers demande donc, 3° que les votes y soient pris *par têtes et non par ordres*[1]. Voilà à quoi se réduisent ces réclamations qui ont paru jeter l'alarme chez les privilégiés ; ils ont cru que par cela seul la réforme des abus devenait indispensable.

La modeste intention du tiers état est d'avoir aux États généraux une influence *égale* à celle des privilégiés. Je le répète, peut-il demander moins ? Et n'est-il pas clair que si son influence y est au-dessous de l'égalité, on ne peut pas espérer qu'il sorte de sa nullité politique et qu'il devienne *quelque chose* ?

Mais ce qu'il y a de véritablement malheureux, c'est que les trois articles qui forment la réclamation du Tiers sont insuffisants pour lui donner cette égalité d'influence dont il ne peut point en effet se passer. Vraiment obtiendra-t-il un nombre égal de

1. Par le résultat du Conseil du 27 décembre on vient de lui *accorder* la seconde demande, sans s'expliquer sur la troisième, et en lui refusant tout net la première. Mais n'est-il pas évident que l'une ne peut pas aller sans l'autre ? Elles forment un tout. En détruire une c'est les annuler toutes les trois. Nous dirons plus bas à qui il appartient de prononcer sur tout ce qui touche à la constitution.

représentants tirés de son ordre ; l'influence des privilégiés viendra toujours se placer et dominer dans le sanctuaire même du Tiers. Où sont les postes, les emplois, les bénéfices à donner ? De quel côté est le besoin de la protection ; et de quel côté le pouvoir de protéger ? Il y a dans cette seule considération de quoi faire trembler tous les amis du peuple.

Ceux des non-privilégiés qui paraîtraient les plus propres par leurs talents à soutenir les intérêts de leur ordre ne sont-ils pas élevés dans un respect superstitieux ou forcé envers la noblesse ? On sait combien les hommes en général sont faciles à se plier à toutes les habitudes qui peuvent leur devenir utiles. Ils s'occupent constamment d'améliorer leur sort, et lorsque l'industrie personnelle ne peut avancer par les voies honnêtes, elle se jette dans de fausses routes. Nous lisons que chez des peuples anciens on accoutumait les enfants à ne recevoir leur nourriture qu'après s'être livrés à des exercices ou violents ou adroits. C'était le moyen de les y faire exceller. Parmi nous la classe la plus habile du tiers état est forcée, pour obtenir son nécessaire, de s'exercer à la flatterie et de se vouer au service des hommes puissants, sorte d'éducation moins honorable, moins sociale, mais tout aussi efficace. Cette malheureuse partie de la nation en est venue à former comme une grande antichambre, où sans cesse occupée à ce que disent ou font ses maîtres, elle est toujours prête à tout sacrifier aux fruits qu'elle se promet du bonheur de plaire. À voir de pareilles mœurs, comment ne pas craindre que les qualités les plus propres à la défense de l'intérêt national ne soient prostituées à celle des préjugés ? Les défenseurs les plus hardis de l'aristocratie seront dans l'ordre du tiers état et parmi les hommes qui, nés avec beaucoup d'esprit et peu d'âme, sont aussi avides de fortune, de pouvoir et des caresses des grands qu'incapables de sentir le prix de la liberté.

Outre l'empire de l'aristocratie qui en France dispose de tout, et de cette superstition féodale qui avilit encore la plupart des esprits, il y a l'influence de la propriété ; celle-ci est naturelle, je ne la proscris point ; mais on conviendra qu'elle est encore toute à l'avantage des privilégiés, et qu'on peut redouter avec raison qu'elle ne leur prête son puissant appui contre le tiers état. Les municipalités ont cru trop facilement qu'il suffisait d'écarter la personne des privilégiés de la représentation du peuple pour être à l'abri de l'influence des privilèges. Dans les campagnes et partout, quel est le seigneur un peu populaire qui n'ait à ses ordres, s'il le veut bien, une foule indéfinie d'hommes du peuple ? Calculez les suites et les contrecoups de cette première influence et rassurez-vous, si vous le pouvez, sur les résultats d'une assemblée que vous voyez fort loin des premiers comices, mais qui n'en est pas moins une combinaison de ces premiers éléments. Plus on considère ce sujet, plus on aperçoit l'insuffisance des trois demandes du

Tiers. Mais enfin, telles qu'elles sont, on les a attaquées avec force. Examinons les prétextes d'une hostilité aussi odieuse.

§ I

PREMIÈRE DEMANDE

Que les représentants du tiers état ne soient choisis que parmi les citoyens qui appartiennent véritablement au Tiers.

Nous avons déjà expliqué que, pour appartenir véritablement au Tiers, il ne fallait être taché d'aucune espèce de privilège, ou qu'il fallait s'en purger sur-le-champ et complètement.

Les gens de Robe parvenus à la noblesse par une porte qu'ils ont arrêté, on ne sait pas pourquoi, de fermer après eux [1] veulent à toute force être des États généraux. Ils se sont dit : la noblesse ne veut pas de

1. Ils disent qu'ils veulent dorénavant *se bien composer*, et dans ce dessein, qui mène à l'orgueil par l'humilité, puisque c'est supposer qu'ils étaient *mauvaise compagnie*, ils ont adopté une mesure avec laquelle toutes les places de la Robe ne pourront plus guère appartenir qu'aux familles qui les possèdent aujourd'hui. On se souvient de ce que nous avons dit plus haut de l'aristocracisme avide de tous les pouvoirs.

nous ; nous ne voulons pas du Tiers ; s'il était possible que nous formassions un ordre particulier, cela serait admirable ; mais nous ne le pouvons pas. Comment faire ? Il ne nous reste qu'à maintenir l'ancien abus par lequel le Tiers députait des nobles, et par là nous satisferons nos désirs sans manquer à nos prétentions. Tous les nouveaux nobles, quelle que soit leur origine, se sont hâtés de répéter dans le même esprit, il faut que le Tiers puisse députer des gentilshommes. La vieille noblesse, qui se dit la bonne, n'a pas le même intérêt à conserver cet abus ; mais elle sait calculer. Elle a dit : nous mettrons nos enfants dans la Chambre des communes, et en tout, c'est une excellente idée que de nous charger de représenter le Tiers.

Une fois la volonté bien décidée, les raisons, comme l'on sait, ne manquent jamais. Il faut, a-t-on dit, conserver l'ancien *usage*… excellent usage, qui, pour représenter le Tiers, l'a positivement exclu jusqu'à ce moment de la représentation ! L'ordre du Tiers a ses droits politiques comme ses droits civils ; il doit exercer par lui-même les uns comme les autres [1]. Quelle idée que celle de *distinguer* les ordres pour l'utilité des deux premiers et le malheur du troisième et de les *confondre* dès que cela est encore utile aux deux premiers et nuisible à la nation ! Quel usage

1. Ce principe est de la plus grande importance. Il sera développé plus bas.

à maintenir que celui en vertu duquel les ecclésiastiques et les nobles pourraient s'emparer de la chambre du Tiers ! De bonne foi, se croiraient-ils représentés si le Tiers pouvait envahir la députation de leurs ordres ?

Il est permis, pour montrer le vice d'un principe, d'en pousser les conséquences jusqu'où elles peuvent aller. Je me sers de ce moyen et je dis : Si les gens des trois états se permettent de donner indifféremment leur procuration à qui il leur plaît, il est possible qu'il n'y ait que des membres d'un seul ordre à l'assemblée. Admettrait-on, par exemple, que le clergé seul pût représenter toute la nation ?

Je vais plus loin : après avoir chargé un ordre de la confiance des trois états, réunissons sur un seul individu la procuration de tous les citoyens. Soutiendra-t-on qu'un seul individu pourrait remplacer les États généraux ? Quand un principe mène à des conséquences absurdes, c'est qu'il est mauvais.

On ajoute que c'est nuire à la liberté des commettants que de les borner dans leur choix. J'ai deux réponses à faire à cette prétendue difficulté. La première : qu'elle est de mauvaise foi, et je le prouve. On connaît la domination des seigneurs sur les paysans et autres habitants des campagnes ; on connaît les manœuvres accoutumées ou possibles de leurs nombreux agents, y compris les officiers de leurs justices. Donc, tout seigneur qui voudra influencer la première élection est en général assuré de se faire députer au bailliage, où il ne s'agira plus que de choisir parmi les seigneurs eux-mêmes ou parmi ceux qui ont mérité leur plus intime confiance. Est-ce pour la liberté du peuple que vous vous ménagez le pouvoir de surprendre et dérober sa confiance ? Il est affreux d'entendre profaner le nom sacré de la liberté pour cacher les desseins qui y sont le plus contraires. Sans doute, il faut laisser aux commettants toute leur liberté, et c'est pour cela même qu'il est nécessaire d'exclure de leur députation tous les privilégiés trop accoutumés à dominer impérieusement le peuple.

Ma seconde réponse est directe. Il ne peut y avoir dans aucun genre une liberté ou un droit sans limites. Dans tous les pays la loi a fixé des caractères certains, sans lesquels on ne peut être ni électeur ni éligible. Ainsi, par exemple, la loi doit déterminer un âge au-dessous duquel on sera inhabile à représenter ses concitoyens. Ainsi les femmes sont partout, bien ou mal, éloignées de ces sortes de procurations. Il est constant qu'un vagabond, un mendiant ne peuvent être chargés de la confiance politique des peuples. Un domestique et tout ce qui est dans la dépendance d'un maître, un étranger non naturalisé seraient-ils admis à figurer parmi les représentants de la nation ? La liberté politique a donc ses limites comme la liberté civile. Il s'agit seulement de savoir si la condition de non-éligibilité que le Tiers réclame n'est pas aussi essentielle que toutes celles que je viens d'indiquer. Or, la comparaison est toute en sa faveur ; car un mendiant, un étranger peuvent n'avoir pas un intérêt opposé à l'intérêt du Tiers ; au lieu que le noble et l'ecclésiastique sont, par état, amis des privilèges dont ils profitent. Ainsi la condition exigée par le Tiers est pour lui la plus importante de toutes celles que la loi, d'accord avec l'équité et la nature des choses, doit mettre au choix des représentants.

Pour faire ressortir davantage ce raisonnement, je fais une hypothèse. Je suppose que la France est en guerre avec l'Angleterre, et que tout ce qui est relatif aux hostilités se conduit chez nous par un directoire composé de représentants. Dans ce cas, je le demande, permettrait-on aux provinces, sous prétexte de ne pas choquer leur liberté, de choisir pour leurs députés au directoire des membres du ministère anglais ? Certes, les privilégiés ne se montrent pas moins ennemis de l'ordre commun que les Anglais ne le sont des Français en temps de guerre. Parmi les images qui se multiplient et se pressent dans mon cerveau, j'en choisis encore une. S'il était question d'une diète générale des peuples maritimes pour régler la liberté et la sûreté de la navigation, croyez-vous que Gênes, Livourne, Venise, etc. choisiraient leurs ministres plénipotentiaires chez les Barbaresques, ou que cette loi fût bonne qui permettrait à de riches forbans d'acheter ou de séduire les voix à Gênes, etc. ? Je ne sais si cette comparaison est exagérée, mais elle éclaircit, à mon gré, ce que j'avais à dire ; au surplus, j'espère comme un autre, puisque les lumières ne peuvent pas rester longtemps sans effet, que les aristocrates cesseront un jour de se montrer les Algériens de la France.

Par une suite de ces principes on ne doit point souffrir que ceux du Tiers, qui appartiennent trop exclusivement aux membres des deux premiers ordres, puissent être chargés de la confiance des communes. On sent qu'ils en sont incapables par leur position dépendante ; et cependant, si l'exclusion n'était pas formelle, l'influence des seigneurs, devenue inutile pour eux-mêmes, ne manquerait pas de s'exercer en faveur des gens dont ils disposent. Je demande surtout qu'on fasse attention aux nombreux agents de la féodalité [1]. C'est aux restes odieux de ce

1. Des vexations sans nombre de la part de ces agents désolent encore les campagnes. On peut dire que l'ordre privilégié traîne une queue aussi fâcheuse que lui-même. Le fisc avec ses cent bras ne pèse pas plus fortement sur les peuples. Eh bien ! n'est-il pas inconcevable que les aristocrates osent se faire un titre de tant de maux pour insinuer au peuple que ses véritables ennemis sont dans le tiers état, comme si les suppôts de la féodalité, comme si les gens de toutes livrées et de toutes dénominations qui vivent dans la dépendance de l'aristocratie appartenaient véritablement au tiers état ? Il n'est que trop vrai, les plus dangereux ennemis du peuple sont dans ces classes détachées de l'intérêt national, quoique ce ne soit pas sous le nom d'*ordres* que les privilégiés soudoyent à leur service. En France, en Hollande et partout, on a de terribles exemples de la coalition naturelle entre la dernière classe de la société et les ordres privilégiaires. Disons la vérité, dans tous les pays du monde, la C[illegible] appartient à l'aristocratie.

régime barbare que nous devons la division, encore subsistante pour le malheur de la France, de trois ordres ennemis l'un de l'autre. Tout serait perdu si les mandataires de la féodalité venaient à usurper la députation de l'ordre commun. Qui ne sait que les serviteurs se montrent plus âpres et plus hardis pour l'intérêt de leurs maîtres que les maîtres eux-mêmes. Je sais que cette proscription s'étend sur beaucoup de monde, puisqu'elle regarde en particulier tous les officiers des justices seigneuriales [1], etc. ; mais c'est ici la force des choses qui commande.

---

1. *Des justices patrimoniales !* Il est difficile d'imaginer rien de plus contraire à la saine politique. C'est aux jurisconsultes que nous devons d'avoir relevé le plus qu'ils ont pu des ruines de l'anarchie féodale ; d'avoir revêtu ce ténébreux échafaudage d'une apparence de forme légale, et peut-être d'y avoir semé des pièges nouveaux. Il faut avoir une singulière idée de la *propriété* pour y confondre les *fonctions publiques*, et pour voir sans étonnement dans un pays que l'on dit si monarchique, le sceptre brisé en mille morceaux, et les voleurs transformés en propriétaires légitimes. Ne devrait-on pas s'apercevoir que sous ce mot non défini de *propriété* il a pu se glisser ce qu'il y a de plus opposé à la véritable propriété, par exemple, le *droit* de nuire aux autres ? Y a-t-il une possession, quelque longue qu'elle soit, qui puisse légitimer un tel désordre ? Nous ne parlons plus des fonctions publiques qui, sans doute, ne peuvent jamais devenir la propriété d'un particulier, ni être distraites du devoir souverain ; je parle des usurpations manifestes sur la liberté ou la propriété *communes*. Je demande qu'on m'explique ce que c'est qu'un *seigneur*, et d'où vient qu'il faut des *vassaux* ? Ces rapports métaphysiques (car je ne parle point des obligations pécuniaires

Le Dauphiné a donné sur cela un grand exemple. Il est nécessaire d'écarter comme lui de l'éligibilité du Tiers les gens du fisc et leurs cautions, ceux de l'administration, etc. Quant aux fermiers des biens appartenant aux deux premiers ordres, je pense bien aussi que dans leur condition actuelle ils sont trop dépendants pour voter librement en faveur de l'ordre commun. Mais ne puis-je espérer que le législateur consentira un jour à s'éclairer sur les intérêts de l'agriculture, sur ceux du *civisme* et de la prospérité publique ; qu'il cessera enfin de confondre l'âpreté

---

ou réelles) appartiennent-ils à une bonne association politique ? Il est certainement possible que le terme tutélaire de *propriété* couvre des vols réels, de ces vols qui ne prescrivent point. Je suppose en effet qu'à défaut de police, Cartouche se fût établi plus solidement sur un grand chemin ; aurait-il acquis un véritable droit de péage ? S'il avait eu le temps de vendre cette sorte de monopole jadis assez commun à un successeur de bonne foi, son droit en serait-il devenu plus respectable dans les mains de l'acquéreur ? Pourquoi regarde-t-on toujours la restitution comme un acte moins juste ou plus impossible que le vol ? En troisième lieu, il y a des possessions d'une origine légale, qui peuvent néanmoins être jugées nuisibles à la chose publique ; celles-là attendent, avec raison, une indemnité, mais encore faut-il les éteindre. Après ce triage politique, si juste et si nécessaire, soyez sûr que nous tomberons tous à genoux devant le nom sacré de la *propriété*, et ne croyez pas que celui qui possède le moins y soit moins intéressé que celui qui possède le plus ; ne croyez pas surtout que ce soit attaquer la véritable propriété que de décrier la fausse.

fiscale avec l'œuvre du gouvernement ? Alors on permettra, on favorisera même les *baux à vie* sur la tête du fermier, et nous ne les regarderons plus, ces fermiers si précieux, que comme des tenanciers libres, très propres assurément à soutenir les intérêts de la nation [1].

On a cru renforcer la difficulté que nous venons de détruire, en avançant que le tiers état n'avait pas des membres assez éclairés, assez courageux, etc., pour le représenter, et qu'il fallait recourir aux lumières de la noblesse… Cette ridicule assertion ne mérite pas de réponse. Considérez les classes *disponibles* du tiers

---

1. Un aristocrate qui veut plaisanter sur ce qu'il appelle les prétentions du tiers état affecte toujours de confondre cet ordre avec son sellier, son cordonnier, etc. ; il choisit alors le langage qu'il croit le plus propre à inspirer du mépris pour les gens dont il parle. Mais, pourquoi les métiers les moins relevés déshonoreraient-ils l'*ordre du Tiers*, puisqu'ils ne déshonorent point une *nation ?…* Quand, au contraire, on veut semer la division dans le Tiers, on sait très bien en distinguer les différentes classes ; on excite, on soulève les uns contre les autres, les habitants des villes et ceux des campagnes. On cherche à opposer les pauvres aux riches. Combien, s'il était permis de tout dire, je raconterais de traits plaisants d'une hypocrisie raffinée ! Vous avez beau faire, ce n'est ni la différence des professions, ni celle des fortunes, ni celle des lumières qui divise les hommes, c'est celle des intérêts. Dans la question présente, il n'en est que deux, celui des privilégiés et celui des non-privilégiés ; toutes les classes du tiers état sont liées d'un intérêt commun contre l'oppression des privilèges.

état ; et j'appelle avec tout le monde classes disponibles celles où une sorte d'aisance permet aux hommes de recevoir une éducation libérale, de cultiver leur raison, enfin de s'intéresser aux affaires publiques. Ces classes-là n'ont pas d'autre intérêt que celui du reste du peuple. Voyez si elles ne contiennent pas assez de citoyens instruits, honnêtes, dignes à tous égards d'être de bons représentants de la nation.

Mais enfin, dit-on, si un bailliage s'obstine à ne vouloir donner sa procuration du Tiers qu'à un noble ou un ecclésiastique, s'il n'a de confiance qu'en lui ?…

J'ai déjà dit qu'il ne pouvait pas y avoir de liberté illimitée, et que parmi toutes les conditions à s'imposer à l'éligibilité celle que le Tiers réclamait était la plus nécessaire de toutes. Répondons plus immédiatement. Je suppose qu'un bailliage veuille absolument se nuire ; doit-il avoir pour cela le droit de nuire aux autres ? Si je suis seul intéressé aux démarches de mon procureur fondé, on pourra se contenter de me dire : tant pis pour vous ; pourquoi l'avez-vous mal choisi ? Mais ici les députés d'un district ne sont pas seulement les représentants du bailliage qui les a nommés, ils sont encore appelés à représenter la généralité des citoyens, à voter pour le royaume. Il faut donc une règle commune et des conditions, dussent-elles déplaire à certains commettants, qui puissent rassurer la totalité de la nation contre le caprice de quelques électeurs.

§ II

DEUXIÈME DEMANDE DU TIERS

Que ses députés soient en nombre égal à ceux des deux ordres privilégiés.

Je ne puis m'empêcher de le répéter ; la timide insuffisance de cette réclamation se ressent encore des vieux temps. Les villes du royaume n'ont pas assez consulté les progrès des lumières et même de l'opinion publique. Elles n'auraient pas rencontré plus de difficultés en demandant deux voix contre une, et peut-être se fût-on hâté alors de leur offrir cette égalité contre laquelle on combat aujourd'hui avec tant d'éclat.

Au reste, quand on veut décider une question comme celle-ci, il ne faut pas se contenter, comme on le fait trop souvent, de donner son désir, ou sa volonté, ou l'usage, pour des raisons ; il faut remonter aux principes. Les droits politiques, comme les droits civils, doivent tenir à la qualité de citoyen. Cette propriété légale est la même pour tous, sans égard au plus ou moins de propriété réelle dont chaque individu peut composer sa fortune ou sa jouissance. Tout citoyen qui réunit les conditions déterminées pour être électeur a droit de se faire représenter, et sa représentation ne peut pas être une fraction de la représentation d'un autre. Ce droit est un ; tous l'exercent également, comme tous sont protégés également par la loi qu'ils ont concouru à faire. Comment peut-on soutenir, d'un côté, que la loi est l'expression de la volonté générale, c'est-à-dire de la pluralité, et prétendre en même temps que dix volontés individuelles peuvent balancer mille volontés particulières ? N'est-ce pas s'exposer à laisser faire la loi par la minorité ? Ce qui est évidemment contre la nature des choses.

Si ces principes, tout certains qu'ils sont, sortent un peu trop des idées communes, je ramènerai le lecteur à une comparaison qui est sous ses yeux. N'est-il pas vrai qu'il paraît juste à tout le monde que l'immense bailliage du Poitou ait plus de représentants aux États généraux que le petit bailliage de Gex ? Pourquoi cela ? Parce que, dit-on, la population et la contribution du Poitou sont bien supérieures à celles de Gex. On admet donc des principes d'après lesquels on peut déterminer la proportion des représentants. Voulez-vous que la contribution en décide ? Mais quoique nous n'ayons pas une connaissance certaine de l'imposition respective des ordres, il saute aux yeux que le Tiers en supporte plus de la moitié.

À l'égard de la population, on sait quelle immense supériorité le troisième ordre a sur les deux premiers. J'ignore, comme tout le monde, quel en est le véritable rapport ; mais comme tout le monde, je me permettrai de faire mon calcul.

D'abord pour le clergé. Nous compterons quarante mille paroisses, en y comprenant les annexes, ce qui donne tout d'un coup le nombre des curés, y compris les desservants des annexes, ci..	40 000
On peut bien compter un vicaire par quatre paroisses, l'une dans l'autre, ci	10 000
Le nombre des cathédrales est comme celui des diocèses ; à vingt chanoines l'une dans l'autre, y compris les cent quarante évêques ou archevêques, ci	2 800
On peut supposer, à vue de pays, que les chanoines de collégiales montent au double, ci	5 600
Après cela, il ne faut pas croire qu'il reste autant de têtes ecclésiastiques qu'il y a de bénéfices simples, abbayes, prieurés et chapelles. On sait, de reste, que la pluralité des bénéfices n'est pas inconnue en France. Les évêques et les chanoines sont en même temps abbés, prieurs et chapelains. Pour ne pas faire un double emploi, j'estime à trois mille bénéficiers ceux qui ne sont pas déjà compris dans les nombres ci-dessus, ci.......	3 000
Enfin, je suppose environ trois mille ecclésiastiques, bien entendu dans les ordres sacrés, n'ayant aucune espèce de bénéfices..	3 000
Il reste les moines et les religieuses, qui sont diminués depuis trente ans dans une progression accélérée. Je ne crois pas qu'il y en ait aujourd'hui plus de dix-sept mille.........	17 000
Nombre total des têtes ecclésiastiques	81 400

Noblesse. Je ne connais qu'un moyen d'approcher du nombre des individus de cet ordre : c'est de prendre la province où ce nombre est le mieux connu, et de la comparer au reste de la France. La Bretagne est cette province ; et je remarque d'avance qu'elle est plus féconde en noblesse que les autres, soit parce qu'on n'y déroge point, soit à cause des privilèges qui y retiennent les familles, etc. On compte en Bretagne dix-huit cents familles nobles. J'en suppose deux mille, parce qu'il en est qui n'entrent pas encore aux états. En estimant chaque famille à cinq personnes, il y a en Bretagne dix mille nobles de tout âge et de tout sexe. Sa population totale est de deux millions trois cent mille individus. Cette somme est à la population de la France entière comme 1 à 11. Il s'agit donc de multiplier dix mille par onze, et l'on aura cent dix mille têtes nobles au plus pour la totalité du royaume, ci 110 000.

Donc, en tout, il n'y a pas deux cent mille privilégiés des deux premiers ordres [1].

---

1. J'observe sur cela qu'en déduisant les moines et les religieuses, mais non les couvents, du nombre total des ecclésiastiques, on peut croire qu'il en reste à peu près 70 000 qui sont véritablement citoyens, contribuables, et qui ont qualité pour être *électeurs*. Dans la noblesse, si vous ôtez les femmes et les enfants non contribuables, non *électeurs*, à peine restera-t-il trente à quarante mille citoyens qui aient les mêmes qualités ; il suit de là que le clergé est, relativement à la représentation nationale, une masse bien plus considérable que la noblesse. Si je fais cette observation, c'est précisément parce qu'elle est contraire au torrent des préjugés actuels. Je ne plierai pas le genou devant

Comparez ce nombre à celui de vingt-cinq à vingt-six millions d'âmes, et jugez la question.

---

l'idole ; et lorsque le Tiers, entraîné par une aveugle animosité, applaudit à une disposition par laquelle la noblesse obtient deux fois plus de représentants que le clergé, je dirai au Tiers qu'il ne consulte ni la raison, ni la justice, ni son intérêt. Le public ne saura-t-il jamais rien voir qu'à travers les préjugés du moment ? Qu'est-ce que le clergé ? Un corps de mandataires chargés des fonctions publiques de l'instruction et du culte. Changez-en l'administration intérieure ; réformez-le, plus ou moins ; mais il est nécessaire sous une forme ou sous l'autre. Ce corps n'est point une caste exclusive, il est ouvert à tous les citoyens ; ce corps est fondé de manière qu'il ne coûte rien à l'État. Calculez seulement ce qu'il en coûterait au trésor royal pour ne payer que les seuls curés, et vous serez effrayé du surcroît de contribution qu'entraînerait la dilapidation des biens ecclésiastiques. Ce corps enfin ne peut pas ne pas faire *corps* ; il est dans la hiérarchie d'un gouvernement. Au contraire, la noblesse est une caste exclusive, séparée du Tiers qu'elle méprise. Ce n'est point un corps de fonctionnaires publics ; ses privilèges tiennent à la personne indépendamment de tout emploi ; rien ne peut justifier son existence que la raison du plus fort. Tandis que le clergé perd tous les jours de ses privilèges, la noblesse conserve les siens ; que dis-je ? elle les accroit. N'est-ce pas de nos jours qu'a paru cette ordonnance qui exige des *preuves* pour entrer dans le militaire, des *preuves*, non de talent ou de bonnes dispositions, mais des *preuves de parchemin*, par lesquelles le Tiers s'est vu exclure du service ! Les parlements paraissaient avoir été créés exprès pour soutenir et fortifier un peu le peuple contre la tyrannie des seigneurs ; les parlements ont cru devoir changer de rôle. Tout récemment ils ont, sans autre façon, fait cadeau, pour toujours, à la noblesse de toutes les places de conseillers et de présidents, etc. Ne vient-elle pas, aux Notables de 1787, d'obtenir que la

Si l'on veut actuellement atteindre à la même solution, en consultant d'autres principes tout aussi incontestables, considérons que les privilégiés sont au grand corps des citoyens ce que les exceptions sont à la loi. Toute société doit être réglée par des lois communes et soumise à un ordre commun. Si vous y faites des exceptions, au moins doivent-elles être rares ; et dans aucun cas elles ne peuvent avoir sur la chose publique le même poids, la même influence que la règle commune. Il est réellement insensé de mettre en regard du grand intérêt de la masse nationale l'intérêt des exempts, comme fait pour le balancer en aucune manière. Au reste, nous nous expliquerons davantage sur ce sujet dans le sixième chapitre. Lorsque dans quelques années on viendra à

---

préséance aux assemblées provinciales et partout serait à l'avenir alternative entre elle et le clergé ; et en demandant le partage de cette préséance, n'a-t-elle pas fait en sorte d'en exclure le Tiers, qui y était également appelé par le ministère ? Encore, si pour dédommager le tiers état on lui avait laissé le droit de choisir seul, dans les premiers ordres, le président de l'assemblée !… Enfin, quel est l'ordre le plus à craindre pour le Tiers, de celui qui s'affaiblit tous les jours, et dont il compose d'ailleurs les dix-neuf vingtièmes, ou de celui qui, dans un temps où les privilégiés semblaient devoir se rapprocher de l'ordre commun, trouve au contraire le moyen de se distinguer de plus en plus ? Lorsque les curés jouiront dans le clergé du rôle auquel ils sont appelés par la force des choses, le Tiers verra combien il eût été intéressant pour lui de réduire l'influence de la noblesse plutôt que celle du clergé.

se rappeler toutes les difficultés que l'on fait essuyer aujourd'hui à la trop modeste demande du Tiers, on s'étonnera, et du peu de valeur des prétextes qu'on y oppose, et encore plus de l'intrépide iniquité qui a osé en chercher.

Ceux mêmes qui invoquent contre le Tiers l'autorité des faits pourraient y lire, s'ils étaient de bonne foi, la règle de leur conduite. Il a suffi de l'existence d'un petit nombre de bonnes villes, pour former, sous Philippe le Bel, une Chambre des communes aux États généraux.

Depuis ce temps, la servitude féodale a disparu, et les campagnes ont offert une population nombreuse de *nouveaux citoyens*. Les villes se sont multipliées, se sont agrandies. Le commerce et les arts y ont créé, pour ainsi dire, une multitude de nouvelles classes dans lesquelles il est un grand nombre de familles aisées, remplies d'hommes bien élevés et attachés à la chose publique. Pourquoi ce double accroissement, si supérieur à ce qu'étaient autrefois les bonnes villes dans la balance de la nation, n'a-t-il pas engagé la même autorité à créer deux nouvelles chambres en faveur du Tiers ? L'équité et la bonne politique se réunissaient pour le demander.

On n'ose pas se montrer aussi déraisonnable à l'égard d'une autre sorte d'accroissement survenu à la France ; je veux parler des nouvelles provinces qui y ont été unies depuis les derniers États généraux. Personne n'ose dire que ces nouvelles provinces ne doivent pas avoir des représentants à elles, par-delà ceux qui étaient aux états de 1614. Mais les fabriques et les arts n'offrent-ils pas, comme le territoire, de nouvelles richesses, une nouvelle contribution et une nouvelle population ; pourquoi donc, lorsqu'il s'agit d'une augmentation qu'il est si facile de comparer à celle du territoire, pourquoi, dis-je, refuse-t-on de lui donner des représentants par-delà ceux qui étaient aux états de 1614 ?

Mais je presse de raison des gens qui ne savent écouter que leur intérêt. Présentons-leur un genre de considérations qui puisse les toucher de plus près. Convient-il à la noblesse d'aujourd'hui de garder le langage et l'attitude qu'elle avait dans les siècles gothiques ? Et convient-il au tiers état de languir à la fin du XVIIIe siècle dans les mœurs tristes et lâches de l'ancienne servitude ? Si le tiers état sait se connaître et se respecter, certes, les autres le respecteront aussi ! Qu'on songe que l'ancien rapport entre les ordres est changé des deux côtés à la fois. Le Tiers qui avait été réduit à rien a réacquis par son industrie une partie de ce que l'injure du plus fort lui avait ravi. Au lieu de redemander ses droits, il a consenti à les payer ; on ne les lui a pas restitués, on les lui a vendus ; il s'est soumis à les acheter. Mais enfin, d'une manière ou d'autre, il peut s'en mettre en possession. Il ne doit pas ignorer qu'il est aujourd'hui la réalité nationale, dont il n'était autrefois que l'ombre ; que, pendant ce long changement, la noblesse a cessé d'être cette monstrueuse réalité féodale qui pouvait opprimer impunément ; qu'elle n'en est plus que l'ombre, et que vainement cette ombre cherche-t-elle encore à épouvanter une nation entière, à moins que cette nation ne veuille être regardée comme la plus vile du globe.

§ III

TROISIÈME ET DERNIÈRE DEMANDE DU TIERS ÉTAT

Que les États généraux votent non par ordres, mais par têtes.

On peut envisager cette question de trois manières : dans l'esprit du Tiers, suivant l'intérêt des privilégiés, et enfin d'après les bons principes. Il serait inutile, sous le premier point de vue, de rien ajouter à ce que nous avons déjà dit ; il est clair que pour le Tiers cette demande est une suite nécessaire des deux autres.

Les privilégiés craignent l'égalité d'influence dans le troisième ordre, et ils la déclarent inconstitutionnelle ; cette conduite est d'autant plus frappante qu'ils ont été jusqu'à présent deux contre un, sans rien trouver d'inconstitutionnel à cette injuste supériorité. Ils sentent très intimement le besoin de conserver le *veto* sur tout ce qui pourrait être contraire à leur intérêt. Je ne répéterai point les raisonnements par lesquels vingt écrivains ont battu cette prétention et l'argument des anciennes formes. Je n'ai qu'une observation à faire. Il y a sûrement des abus en France ; ces abus tournent au profit de quelqu'un ; ce n'est guère au Tiers qu'ils sont avantageux, mais c'est bien à lui surtout qu'ils sont nuisibles. Or, je demande si dans cet état des choses il est possible de détruire aucun abus, tant qu'on laissera le *veto* à ceux qui en profitent. Toute justice serait sans force ; il faudrait tout attendre de la pure générosité des privilégiés. Serait-ce là l'idée qu'on se forme de l'ordre social ?

Si nous voulons actuellement considérer le même sujet, indépendamment de tout intérêt particulier et d'après les principes qui sont faits pour l'éclairer, c'est-à-dire d'après ceux qui forment la science de l'ordre social, nous verrons prendre à cette question une face nouvelle. Je soutiens qu'on ne peut accueillir, soit la demande du Tiers, soit la défense des privilégiés, sans renverser les notions les plus certaines. Je n'accuse assurément pas les bonnes villes du royaume d'avoir eu cette intention. Elles ont voulu se rapprocher de leurs droits, en réclamant au moins l'équilibre entre les deux influences ; elles ont professé d'ailleurs d'excellentes vérités, car il est constant que le *veto* d'un ordre sur les autres serait un droit propre à tout paralyser dans un pays où les intérêts sont si opposés ; il est certain qu'en ne votant point par têtes, on s'expose à méconnaître la vraie pluralité, ce qui serait le plus grand des inconvénients, parce que la loi serait radicalement nulle. Ces vérités sont incontestables. Mais les trois ordres, tels qu'ils sont constitués, pourront-ils se réunir pour voter par têtes ? Telle est la véritable question. Non. À consulter les vrais principes, ils ne peuvent point voter *en commun*, ils ne le peuvent ni par têtes, ni par ordres. Quelque proportion que vous adoptiez entre eux, elle ne peut remplir le but qu'on se propose, qui serait de lier la totalité des représentants par *une* volonté commune. Cette assertion a sans doute besoin de développement et de preuves. Qu'on me permette de les renvoyer au sixième chapitre. Je ne veux pas déplaire à ces personnes modérées qui craignent toujours que la vérité ne se montre mal à propos. Il faut auparavant leur arracher l'aveu que la situation des choses est telle aujourd'hui par la seule faute des privilégiés, qu'il est temps de prendre son parti ; et de dire ce qui est vrai et juste dans toute sa force.

Chapitre IV

CE QUE LE GOUVERNEMENT A TENTÉ, ET CE QUE LES PRIVILÉGIÉS PROPOSENT EN FAVEUR DU TIERS

Le gouvernement entraîné, non par des motifs dont on puisse lui savoir gré, mais par ses fautes, convaincu qu'il ne pouvait y remédier sans le concours volontaire de la nation, a cru s'assurer, de sa part, un consentement aveugle à tous ses projets, en offrant de faire quelque chose pour elle. Dans cette vue M. de Calonne proposa le plan des assemblées provinciales.

§ I

ASSEMBLÉES PROVINCIALES

Il était impossible de s'occuper un moment de l'intérêt de la nation, sans être frappé de la nullité politique du Tiers. Le ministre sentit même que la distinction des ordres était contraire à toute espérance de bien, et il projeta sans doute de la faire disparaître avec le temps. C'est du moins dans cet esprit que le premier plan des assemblées provinciales paraît avoir été conçu et rédigé. Il ne faut que le lire avec un peu d'attention, pour s'apercevoir qu'on n'y avait pas égard à l'ordre *personnel* des citoyens. Il n'y était question que de leurs propriétés ou de l'ordre *réel*. C'était comme propriétaire, et non comme prêtre, noble ou roturier, qu'on devait être appelé dans ces assemblées intéressantes par leur objet, bien plus importantes encore par la manière dont elles devaient se former, puisque par elles s'établissait une véritable représentation nationale.

Quatre espèces de propriétés étaient distinguées : 1° les seigneuries. Ceux qui les possèdent, nobles ou roturiers, ecclésiastiques ou laïques, devaient former la première classe. On divisait en trois autres classes les propriétés ordinaires ou simples, par opposition aux seigneuries. Une distribution plus naturelle n'en aurait formé que deux, indiquées par la nature des travaux et la balance des intérêts, savoir, les propriétés de la campagne et celles des villes. Dans ces dernières on aurait compris avec les maisons tous les arts, fabriques, métiers, etc. Mais on croyait sans doute que le temps n'était pas encore venu de fondre dans ces deux divisions les biens ordinaires ecclésiastiques. Ainsi on avait cru devoir laisser les biens simples, c'est-à-dire non seigneuriaux, du clergé dans une classe séparée. C'était la seconde. La troisième comprenait les biens de la campagne et la quatrième les propriétés des villes.

Remarquez que trois de ces sortes de propriétés étant indistinctement possédées par des citoyens des trois ordres, trois classes sur quatre auraient pu être composées indifféremment de nobles, de roturiers ou de prêtres. La deuxième classe elle-même aurait contenu des chevaliers de Malte et même des laïques pour représenter les hôpitaux, les *fabriques* paroissiales, etc.

Il est naturel de croire que les affaires publiques se traitant dans ces assemblées, sans égard à l'ordre personnel, il se serait bientôt formé une communauté d'intérêts entre les trois ordres, qui aurait été, par conséquent, l'intérêt général ; et la nation aurait fini par où toutes les nations auraient dû commencer, par être *une*.

Tant de bonnes vues ont échappé à l'esprit si vanté du principal ministre. Ce n'est pas qu'il n'ait très bien vu l'intérêt qu'il voulait servir ; mais il n'a rien compris à la valeur réelle de ce qu'il gâtait. Il a rétabli la division impolitique des ordres personnels ; et quoique ce seul changement entraînât la nécessité de faire un nouveau plan, il s'est contenté de l'ancien, pour tout ce qui ne lui paraissait pas choquer ses intentions ; et il s'étonnait ensuite des mille difficultés qui sortaient tous les jours du défaut de concordance. La noblesse surtout ne concevait pas comment elle pourrait se régénérer dans des assemblées où l'on avait oublié les généalogistes. Ses anxiétés, à cet égard, ont été plaisantes pour les observateurs [1].

1. Voyez les procès-verbaux des assemblées provinciales.

Parmi tous les vices d'exécution de cet établissement, le plus grand a été de le commencer par les toits, au lieu de le poser sur ses fondements naturels, l'élection libre des peuples. Mais au moins le ministre, pour rendre une sorte d'hommage aux droits du tiers état, lui annonçait-il un nombre de représentants pour son ordre, égal à ceux du clergé et de la noblesse réunis. L'institution est positive sur cet article. Qu'en est-il arrivé ? Que l'on a fait nommer des députés au Tiers parmi les privilégiés. Je connais une de ces assemblées où, sur cinquante-deux membres, il n'y en a qu'un seul qui ne soit pas privilégié. C'est ainsi qu'on sert la cause du Tiers, même après avoir publiquement annoncé qu'on veut lui rendre justice !

§ II

NOTABLES

Les notables ont trompé l'espoir de l'un et de l'autre ministre. Rien n'est plus juste à leur égard que l'excellent coup de pinceau de M. C. –. « Le roi les a rassemblés deux fois autour de lui pour les consulter sur les intérêts du trône et de la nation. Qu'ont fait les notables en 1787 ? Ils ont défendu leurs privilèges contre le trône. Qu'ont fait les notables en

1788 ? Ils ont défendu leurs privilèges contre la nation. » C'est qu'au lieu de consulter les notables en *privilèges*, il aurait fallu consulter des notables en *lumières*. Les plus petits particuliers ne s'y trompent pas, lorsqu'ils ont à demander conseil dans leurs affaires, ou dans celles des gens qui les intéressent véritablement.

M. Necker s'est abusé. Mais pouvait-il imaginer que ces mêmes hommes qui avaient voté pour admettre le Tiers en nombre égal dans les assemblées provinciales rejetteraient cette égalité pour les États généraux ? Quoi qu'il en soit, le public ne s'y est point trompé. On l'a toujours entendu désapprouver une mesure dont il prévoyait l'événement, et à laquelle, dans la meilleure supposition, il attribuait des lenteurs préjudiciables à la nation. Il semble que ce serait ici le lieu de développer quelques-uns des motifs qui ont inspiré la majorité des derniers notables. Mais n'anticipons pas sur le jugement de l'histoire ; elle ne parlera que trop tôt pour des hommes qui, placés dans la plus belle des circonstances et pouvant dicter à une grande nation ce qui est juste, beau et bon, ont mieux aimé prostituer cette superbe occasion à un misérable intérêt de corps et donner à la postérité un exemple de plus de l'empire des préjugés sur l'esprit public.

Les tentatives du ministère, comme l'on voit, n'ont pas produit d'heureux fruits en faveur du Tiers.

§ III

ÉCRIVAINS PATRIOTES DES DEUX PREMIERS ORDRES

C'est une chose remarquable, que la cause du Tiers ait été défendue avec plus d'empressement et de force par des écrivains ecclésiastiques et nobles que par les non-privilégiés eux-mêmes.

Je n'ai vu dans les lenteurs du tiers état que l'habitude du silence et de la crainte dans l'opprimé, ce qui présente une preuve de plus de la réalité de l'oppression. Est-il possible de réfléchir sérieusement sur les principes et la fin de l'état de société, sans être révolté jusqu'au fond de l'âme de la monstrueuse partialité des institutions humaines ? Je ne suis point étonné que les deux premiers ordres aient fourni les premiers défenseurs de la justice et de l'humanité ; car si les *talents* tiennent à l'emploi exclusif de l'intelligence, à de longues habitudes, et si les membres de l'ordre du Tiers doivent par mille raisons se distinguer dans cette carrière, les *lumières* de la morale publique doivent se manifester davantage chez des hommes bien mieux placés pour saisir les grands rapports sociaux, et chez qui le ressort originel est moins communément brisé ; il faut en convenir, il est des sciences qui tiennent autant à l'âme qu'à l'esprit. La nation ne parviendra point à la liberté, sans se rappeler avec reconnaissance ces auteurs patriotes des deux premiers ordres, qui, les premiers abjurant de vieilles erreurs, ont préféré les principes de la justice universelle aux combinaisons meurtrières de l'intérêt de corps contre l'intérêt national. En attendant les honneurs publics qui leur seront décernés, puissent-ils ne pas dédaigner l'hommage d'un citoyen dont l'âme brûle pour une patrie et adore tous les efforts qui tendent à la faire sortir des décombres de la féodalité !

Certainement, les deux premiers ordres sont intéressés à rétablir le Tiers dans ses droits. On ne doit point se le dissimuler : le garant de la liberté publique ne peut être que là où est la force réelle. Nous ne pouvons être libres qu'avec le peuple et par lui.

Si une considération de cette importance est au-dessus de la frivolité et de l'étroit égoïsme de la plupart des têtes françaises, au moins ne pourront-elles s'empêcher d'être frappées des changements survenus dans l'opinion publique. L'empire de la raison s'étend tous les jours davantage ; il nécessite de plus en plus la restitution des droits usurpés. Plus tôt ou plus tard, il faudra que toutes les classes se renferment dans les bornes du contrat social, contrat qui regarde et oblige tous les associés, les uns envers les autres [1]. Sera-ce

1. On ne peut pas entendre autrement le contrat social ; il lie les associés entre eux. C'est une idée fausse et dangereuse que de supposer un contrat entre un peuple et son gouvernement. La nation ne contracte point avec ses mandataires, elle *commet* à l'exercice de ses pouvoirs.

pour en recueillir les avantages innombrables, ou pour les sacrifier au despotisme ? Telle est la véritable question. Dans la longue nuit de la barbarie féodale, les vrais rapports des hommes ont pu être détruits, toutes les notions bouleversées, toute justice corrompue ; mais au lever de la lumière, il faut que les absurdités gothiques s'enfuient, que les restes de l'antique férocité tombent et s'anéantissent. C'est une chose sûre. Ne ferons-nous que changer de maux, ou l'ordre social dans toute sa beauté prendra-t-il la place de l'ancien désordre ? Les changements que nous allons éprouver seront-ils le fruit amer d'une guerre intestine, désastreuse à tous égards pour les trois ordres, et profitable seulement au pouvoir ministériel, ou bien seront-ils l'effet naturel, prévu et bien gouverné, d'une vue simple et juste, d'un concours heureux, favorisé par des circonstances puissantes et promu avec franchise par toutes les classes intéressées ?

§ IV

PROMESSE DE SUPPORTER ÉGALEMENT LES IMPOSITIONS

Les notables ont exprimé le vœu formel de faire supporter les mêmes impositions aux trois ordres. Ce n'était pas sur cet objet qu'on leur demandait leur avis. Il s'agissait de la manière de convoquer les États généraux, et non les délibérations que cette assemblée aura à prendre. Ainsi on ne peut regarder ce vœu que comme celui qui est émané des pairs, du parlement, et enfin de tant de sociétés particulières et d'individus qui s'empressent aujourd'hui de convenir que le plus riche doit payer autant que le plus pauvre.

Nous ne pouvons le dissimuler, un concours aussi nouveau a effrayé une partie du public. Sans doute, a-t-on dit, il est bon et louable de se montrer d'avance disposé à se soumettre de bon cœur à une juste répartition d'impôt, lorsqu'elle aura été prononcée par la loi. Mais d'où viennent, de la part du second ordre, un zèle si nouveau, tant d'accord et tant d'empressement ? En offrant une cession volontaire, espérait-il dispenser la loi d'en faire un acte de justice ? Trop d'attention à prévenir ce que doivent faire les États généraux ne pourrait-il pas tendre à s'en passer ? Je n'accuse point la noblesse de dire au roi : Sire, vous n'avez besoin des États généraux que pour rétablir vos finances. Eh bien ! nous offrons de payer comme le Tiers ; voyez si cet excédent ne pourrait pas vous délivrer d'une assemblée qui nous inquiète plus que vous ? Non, cette vue est impossible à supposer.

On pourrait plutôt soupçonner la noblesse de vouloir faire illusion au Tiers, de vouloir, au prix d'une sorte d'anticipation d'équité, donner le change à ses pétitions actuelles et le distraire de la nécessité, pour lui, d'être *quelque chose* aux États généraux. Elle semble dire au Tiers : Que demandez-vous ? Que nous payions comme vous ; cela est juste, nous paierons. Laissez donc l'ancien train des choses, où vous n'étiez rien, où nous étions tout, et où il nous a été si facile de ne payer que ce que nous avons voulu. Il serait si utile aux classes privilégiaires d'acheter, au prix d'une renonciation forcée, le maintien de tous les abus et l'espérance de les accroître encore ! S'il ne faut, pour consommer cet excellent marché, qu'exciter un peu d'enthousiasme dans le peuple, croit-on qu'il soit bien difficile de l'émouvoir, de l'attendrir même en lui parlant de le soulager, et en faisant retentir à son oreille les *mots* d'égalité, d'honneur, de fraternité, etc.

Le Tiers peut répondre : « Il est temps assurément que vous portiez comme nous le poids d'un tribut qui vous est bien plus utile qu'à nous. Vous prévoyiez très bien que cette monstrueuse iniquité ne pouvait pas durer davantage. Si nous sommes libres dans nos dons, il est clair que nous ne pouvons, ni ne devons, ni ne voulons en faire de plus abondants que les vôtres. Cette seule résolution de notre part nous rend à peu près indifférents ces actes de renonciation que vous ne cessez de vanter, comme ce que la *générosité* et l'honneur peuvent commander de plus rare à des *chevaliers français* [1]. Oui, vous paierez, non par

1. J'avoue qu'il m'est impossible d'approuver la grande importance que l'on met à obtenir la renonciation des privilégiés

générosité, mais par justice ; non parce que vous le voulez bien, mais parce que vous le devez. Nous attendons de votre part un acte d'obéissance à la loi

---

à leurs exemptions pécuniaires. Le tiers état semble ignorer que le consentement des impôts étant constitutionnel pour lui, au moins autant que pour les autres, il suffira de déclarer qu'il n'entend supporter aucune charge qui ne porterait pas sur les trois ordres à la fois.

Je ne suis pas plus content de la manière dont cette renonciation, trop sollicitée, a été faite dans la plupart des bailliages, malgré tout l'étalage de reconnaissance qui a rempli les journaux et les gazettes. On y lit que la noblesse *se réserve les droits sacrés de la propriété... les prérogatives qui lui appartiennent... et les distinctions essentielles à une monarchie.* Il est étonnant que le Tiers n'ait pas répondu d'abord à la *réserve des droits sacrés de la propriété* : que la nation entière avait le même intérêt à la faire, mais qu'il ne voyait pas contre qui on pourrait la diriger ; que si les ordres voulaient se considérer séparément, l'histoire leur apprendrait sans doute quel est celui des trois qui a le plus de raisons de se défier des autres ; qu'en un mot, il ne peut regarder que comme une injure gratuite l'équivalent de ces paroles : *Nous voulons bien payer l'impôt, à condition que vous ne nous volerez pas.* Ensuite, qu'est-ce que des *prérogatives appartenantes* à une partie de la nation, sans que la nation les lui ait jamais accordées ? Des prérogatives qu'on cesserait même d'estimer, si on leur connaissait une autre origine que le *droit de l'épée* ! Enfin, l'on comprend encore moins où peuvent être ces *distinctions essentielles* à la monarchie, et par conséquent sans lesquelles une monarchie ne peut point exister. Aucune que nous sachions, fût-ce même celle de monter dans les carrosses du roi, ne nous paraît assez importante pour qu'il soit vrai de dire que sans elle il n'y a plus de monarchie.

commune, plutôt que le témoignage d'une insultante pitié pour un ordre que vous avez si longtemps traité sans pitié. Mais c'est aux États généraux que cette affaire doit se discuter ; il s'agit aujourd'hui de les bien constituer. Si le Tiers n'y est pas représenté, la nation y sera muette. Rien ne pourra s'y faire validement. Lors même que vous trouveriez le moyen d'établir partout le bon ordre sans notre concours, nous ne pouvons pas souffrir qu'on dispose de nous sans nous. Une longue et funeste expérience nous empêche même de croire à la solidité d'aucune bonne loi qui ne serait que le *don du plus fort.* »

Les privilégiés ne se lassent pas de dire que tout est égal entre les ordres, du moment qu'ils renoncent aux exemptions pécuniaires. Si tout est égal, que craignent-ils des demandes du Tiers ? Imagine-t-on qu'il voulût se blesser lui-même en attaquant un intérêt commun ? Si tout est égal, pourquoi tous ces efforts pour l'empêcher de sortir de sa nullité politique ?

Mais je demande où est la puissance miraculeuse qui garantira à la France l'impossibilité d'aucun abus dans *aucun genre*, par cela seul que la noblesse paiera sa quote-part de l'impôt. Que s'il subsiste encore des abus ou des désordres, qu'on m'explique donc comment tout peut être égal entre celui qui en jouit et celui qui en souffre ?

Tout est égal ! C'est donc par esprit d'égalité qu'on a prononcé au Tiers l'exclusion la plus déshonorante de tous les postes, de toutes les places un peu distinguées ? C'est par esprit d'égalité qu'on lui a arraché un surcroît de tribut pour créer cette quantité prodigieuse de ressources en tout genre, destinées exclusivement à ce qu'on appelle *la pauvre noblesse* ?

Dans toutes les affaires qui surviennent entre un privilégié et un homme du peuple, celui-ci n'est-il pas assuré d'être impunément opprimé, précisément parce qu'il faut recourir, s'il ose demander justice, à des privilégiés ? Eux seuls disposent de tous les pouvoirs, et leur premier mouvement n'est-il pas de regarder la plainte du roturier comme un manque de subordination ?

Pourquoi les suppôts de la police et de la justice n'exercent-ils qu'en tremblant leurs fonctions envers le privilégié, envers celui-là même qui est pris en flagrant délit, tandis qu'ils traitent avec tant de brutalité le pauvre qui n'est encore qu'accusé ?

Pour qui sont tous ces privilèges en matière judiciaire, les attributions, les évocations, les lettres de surséance, etc., avec lesquels on décourage ou l'on ruine sa partie adverse, est-ce pour le Tiers non privilégié ?

Qui sont les citoyens les plus exposés aux vexations personnelles des agents du fisc et des subalternes dans toutes les parties de l'administration ? Les membres du Tiers ; j'entends toujours du véritable Tiers, de celui qui ne jouit d'aucune exemption.

Pourquoi les privilégiés, après les crimes les plus horribles, échappent-ils presque toujours à la peine, et dérobe-t-on ainsi à l'ordre public les exemples les plus efficaces ?

Avec quel mépris absurde et féroce vous osez replacer dans l'ordre commun le criminel privilégié, pour le *dégrader*, dites-vous, et pour le rendre apparemment dans une telle compagnie *habile* à subir le supplice. Que diriez-vous, si le législateur, avant de punir un scélérat du tiers état, avait l'attention d'en purger son ordre, en lui donnant des lettres de noblesse ?

La loi dicte des peines différentes pour le privilégié et celui qui ne l'est pas. Elle semble suivre avec tendresse le noble criminel et vouloir l'honorer jusque sur l'échafaud. À cette abominable distinction qui, au fond, ne peut paraître bonne à conserver qu'à ceux qui projetteraient quelque crime, est attachée, on le sait, la peine d'infamie pour la famille entière du malheureux qui a été exécuté sans privilège ; la loi est coupable de cette atrocité ; et l'on refuserait de la réformer ! L'*obligation* est la même pour tous, l'*infraction* est la même ; pourquoi la *peine* serait-elle différente ? Songez bien que dans l'état actuel des choses, vous ne punissez jamais un privilégié sans l'honorer et sans punir la nation, qui avait déjà assez souffert de son crime.

Je le demande : est-il permis, en jetant le coup d'œil le plus superficiel sur la société, de répéter que tout sera égal, du moment que la noblesse renonce à ses exemptions pécuniaires ? Il est des hommes qui ne sont sensibles qu'à l'argent ; exactement paralysés pour tout ce qui tient à la liberté, à l'honneur, à l'égalité devant la loi, en un mot, à tous les droits sociaux, hors l'argent, ils ne conçoivent pas qu'on puisse s'inquiéter d'autre chose que de payer un écu de plus ou de moins. Mais ce n'est pas pour les hommes vils que j'écris.

Que faut-il dire du privilège exclusif de paraître armé, même en temps de paix, hors des fonctions militaires et sans le costume de cet état ? Si le privilégié s'arme pour défendre sa vie, son bien, son honneur, l'homme du Tiers a-t-il moins d'intérêt à conserver sa vie, son bien, n'est-il pas aussi sensible à son honneur ? Oserait-on bien avancer que la loi, veillant plus attentivement en sa faveur, le dispense plus que le privilégié de s'armer pour sa défense ?

Si tout est égal, pourquoi ces volumineux recueils de lois à l'avantage de la noblesse ? Auriez-vous trouvé le secret de favoriser un ordre sans que ce fût aux dépens des autres ? Et quand vous savez bien que cette législation particulière fait de la noblesse comme une espèce à part qui serait née pour le commandement, et du reste des citoyens comme un peuple d'ilotes destiné à servir, vous osez mentir à votre conscience et essayer d'étourdir la nation en lui criant que tout est égal [1] !

1. Je voudrais bien qu'on m'indiquât où sont les nombreux privilèges dont on se plaint que nous jouissons, disait un

Les lois, enfin, que vous croyez les plus générales et les plus exemptes de partialité, sont complices elles-mêmes des privilèges. Consultez-en l'esprit ; suivez-en les effets ; pour qui paraissent-elles être faites ? pour les privilégiés. Contre qui ? contre le peuple, etc.

Et l'on veut que le peuple soit content et ne songe plus à rien, parce que la noblesse *consent* à payer comme lui ! On veut que des générations nouvelles ferment les yeux aux lumières contemporaines, et s'accoutument tranquillement à un ordre d'oppression que les générations qui passent ne pouvaient plus endurer ! Laissons un sujet inépuisable, et qui ne réveille que des sentiments d'indignation [1].

Tous les impôts particuliers au Tiers seront abolis ; il n'en faut pas douter. C'était un étrange pays que celui où les citoyens qui profitaient le plus de la chose publique y contribuaient le moins ! Où il existait des

---

aristocrate ? Dites plutôt où ils ne sont pas, répondit un ami du peuple. Tout respire le privilège dans le privilégié, jusqu'à l'air dont il interroge, et qu'on trouverait si extraordinaire dans un simple citoyen ; jusqu'au ton d'assurance avec lequel il élève des questions, si bien résolues dans le fond de son âme. Mais dussent tous les privilèges être réduits à un seul, je le trouverais encore intolérable. Eh ! ne sentez-vous pas qu'il se multiplierait comme le nombre des personnes privilégiées ?

1. Il n'a pourtant été question ici que de l'inégalité des droits *civils* ; je présenterai dans les deux derniers chapitres des notions justes sur la monstrueuse inégalité des droits *politiques*.

impôts qu'il était honteux de supporter, et que le législateur lui-même taxait d'être avilissants ! À ne consulter que des idées saines, quelle société que celle où le travail fait *déroger* ; où il est honorable de consommer et humiliant de produire ; où les professions pénibles sont dites *viles* ; comme s'il pouvait y avoir autre chose de vil que le vice, et comme si c'était dans les classes laborieuses qu'il y a le plus de cette vilité, la seule réelle !

Enfin, tous ces mots de taille [1], de franc-fief, d'ustensiles, etc. seront proscrits à jamais de la langue

1. Il convient d'observer que la suppression de la taille sera pécuniairement avantageuse aux privilégiés, si l'on se contente, comme il y a apparence, de la remplacer par une subvention générale. Ils en paieront moins, et je vais le prouver. 1° Dans les pays où la taille est *personnelle*, on sait très bien que cet impôt n'est payé au fond que par le propriétaire. Le fermier à qui vous diriez que vous vous chargez de sa taille augmenterait d'autant le prix du bail. Cette vérité est connue. Si donc vous substituez à la taille un impôt qui porte également sur tous les biens, même sur ceux qui ne sont pas aujourd'hui soumis à cette charge, il est clair que vous déchargerez la masse des biens qui supportent aujourd'hui la taille de toute la quotité de l'impôt de remplacement qui sera payée par les propriétés aujourd'hui exemptes de taille. Comme les terres affermées payent la partie la plus considérable de cet impôt, il est sûr que la plus grande partie de la décharge sera en faveur de la totalité de ces terres. Or elles appartiennent surtout à des privilégiés, j'ai donc eu raison de dire que les privilégiés en paieront moins.

2° Dans les pays de taille *réelle*, les biens ruraux seront déchargés de toute la partie de l'impôt de remplacement qui portera politique, et le législateur ne prendra plus un stupide plaisir à repousser les étrangers que ces distinctions flétrissantes empêchaient d'apporter au milieu de nous leurs capitaux et leur industrie.

Mais en prévoyant cet avantage et mille autres qu'une assemblée bien constituée doit procurer aux peuples, je ne vois rien encore qui promette au Tiers une bonne constitution. Il n'en est pas plus avancé dans ses demandes. Les privilégiés persistent à défendre tous leurs avantages. Quel que soit le nombre proportionnel de leurs députés, ils veulent former deux chambres séparées ; ils veulent deux voix sur trois, et ils soutiennent que la négative appartient

---

sur les biens nobles. Cette conversion se fera sans égard à la qualité personnelle des propriétaires. Puis donc que nous ignorons à quel ordre de citoyens appartiennent la plupart des terres nobles et la plupart des biens ruraux, on ne doit pas non plus faire exclusivement honneur à la noblesse des avantages ou des désavantages particuliers qui résulteront de la suppression de la taille.

Les riches seigneurs ont fort bien calculé que l'abolition de la taille, du franc-fief, etc. doit favoriser les mutations parmi leurs vassaux, augmenter la valeur des fonds, et par conséquent qu'elle leur promet de nouveaux profits pécuniaires. La taille est assurément mal *assise* sur les fermiers ; mais en la prenant sous un autre nom sur les propriétaires eux-mêmes pour tous les biens qu'ils *afferment*, ce serait un impôt parfaitement politique, en ce qu'il doit décourager les petits propriétaires d'abandonner le gouvernement de leurs biens, et tenir la place d'une taxe prohibitive, ou d'une amende établie sur l'oisiveté des grands propriétaires.

à chacune d'elles. Excellent moyen pour rendre impossible toute réforme ! Cette immobilité pourrait être du goût des deux premiers ordres. Mais le Tiers peut-il s'y plaire ? On voit bien que ce n'est pas à lui à répéter le joli mot du fermier général : *Pourquoi changer ? Nous sommes si bien !*

§ V

MOYEN TERME PROPOSÉ PAR LES AMIS COMMUNS DES PRIVILÉGIÉS ET DU MINISTÈRE

Le ministère craint, par-dessus tout, une forme de délibération qui, arrêtant toutes les affaires, suspendrait aussi la concession des secours qu'il attend. Si du moins on pouvait s'accorder pour remplir le déficit, le reste ne l'intéresserait plus guère ; les ordres se disputeraient tant et aussi longtemps qu'ils le voudraient. Au contraire, moins ils avanceraient, plus le ministère espérerait se raffermir dans son autorité arbitraire. De là un moyen de conciliation que l'on commence à colporter partout, et qui serait aussi utile aux privilégiés et au ministère que mortel pour le Tiers. On propose de voter par têtes les subsides et tout ce qui regarde l'impôt. L'on veut bien ensuite que les ordres se retirent dans leurs chambres comme dans des forteresses inexpugnables, où les communes délibéreront sans succès, les privilégiés jouiront sans crainte, pendant que le ministre restera le maître. Mais peut-on croire que le Tiers donne dans un piège aussi grossier ? Le vote des subsides devant être la dernière opération des États généraux, il faudra bien qu'on se soit accordé auparavant sur une forme générale pour toutes les délibérations ; et sans doute on ne se sera pas éloigné de celle qui conserve à l'assemblée l'usage de toutes ses lumières et de toute sa sagesse [1].

§ VI

ON PROPOSE D'IMITER LA CONSTITUTION ANGLAISE

Différents intérêts ont eu le temps de naître dans l'ordre de la noblesse. Elle n'est pas loin de se diviser en deux partis. Tout ce qui tient aux trois ou quatre cents familles les plus distinguées soupire après l'établissement d'une Chambre haute, semblable à celle d'Angleterre ; leur orgueil se nourrit de l'espérance

1. Voy. *Vues sur les moyens d'exécution, etc.*, page 87 jusqu'à 91.

de n'être plus confondues dans la foule des gentilshommes. Ainsi, la haute noblesse consentirait de bon cœur à rejeter dans la Chambre des communes le reste des nobles avec la généralité des citoyens.

Le Tiers se gardera avec attention d'un système qui ne tend à rien moins qu'à remplir sa Chambre de gens qui ont un intérêt si contraire à l'intérêt commun ; d'un système qui le replacerait bientôt dans la nullité et l'oppression. Il existe à cet égard une différence réelle entre l'Angleterre et la France. En Angleterre il n'y a de nobles privilégiés que ceux à qui la constitution accorde une partie du pouvoir législatif[1]. Tous les autres citoyens sont confondus dans le même intérêt ; point de privilèges qui en fassent des ordres distincts. Si donc on veut en

1. Les lords de la Chambre haute ne forment même pas un *ordre* distinct. Il n'y a en Angleterre qu'un seul ordre, la nation. Le membre de la Chambre des pairs est un grand mandataire nommé par la loi pour exercer une partie de la législation et les grandes fonctions judiciaires. Ce n'est pas un homme privilégié par droit de *caste* sans relation aux fonctions publiques, puisque les frères d'un pair ne partagent pas les privilèges de leur aîné. Il est vrai que ces grandes fonctions sont attachées à la naissance ou plutôt à la primogéniture ; c'est un hommage rendu à la féodalité, si prépondérante encore, il y a cent ans ; c'est une institution gothique et ridicule en même temps, car si les rois sont devenus héréditaires pour éviter les troubles civils que leur élection serait capable d'occasionner, il n'y a pas de raison pour craindre rien de semblable à la nomination d'un simple lord.

France réunir les trois ordres en un, il faut auparavant abolir toute espèce de privilège. Il faut que le noble et le prêtre n'aient d'autre intérêt que l'intérêt commun, et qu'ils ne jouissent, par la force de la loi, que des droits de simple citoyen. Sans cela vous aurez beau réunir les trois ordres sous la même dénomination ; ils feront toujours trois matières hétérogènes impossibles à amalgamer ensemble. On ne m'accusera pas de soutenir la distinction des ordres, que je regarde comme l'invention la plus nuisible à tout bien social. Je ne connais au-dessus de ce malheur que le malheur extrême de confondre ces ordres *nominalement* en les laissant séparés *réellement* par le maintien des privilèges. Ce serait consacrer à jamais leur triomphe sur la nation. Le salut public exige que l'intérêt commun de la société se maintienne quelque part, pur et sans mélange. Et c'est dans cette vue, la seule bonne, la seule nationale, que le Tiers ne se prêtera jamais à l'entrée de plusieurs ordres dans une prétendue Chambre des communes, car c'est une idée monstrueuse que celle d'une Commune composée de différents ordres. On peut dire qu'il y a contradiction dans les termes.

Il sera appuyé dans sa résistance par la petite noblesse, qui ne voudra jamais échanger les privilèges dont elle jouit pour une illustration qui ne serait pas pour elle. Voyez en effet comme elle s'élève en Languedoc contre l'aristocratie des barons. Les hommes en général aiment fort à ramener à l'égalité tout ce qui leur est supérieur ; ils se montrent alors *philosophes*. Ce mot ne leur devient odieux qu'au moment où ils aperçoivent les mêmes principes dans leurs inférieurs.

Le projet des deux Chambres acquiert cependant parmi nous un si grand nombre de partisans qu'il y a véritablement de quoi s'en effrayer. Les différences que nous venons de relever sont réelles ; jamais une nation coupée par ordres n'aura rien de commun avec une nation *une*. Comment voulez-vous avec des matériaux si dissemblables construire en France le même édifice politique qu'en Angleterre ?

Prétendez-vous admettre dans votre Chambre basse une partie de vos deux premiers ordres ? Apprenez-nous donc auparavant comment on peut composer une Commune de plusieurs ordres. Nous venons de le prouver, une Commune ne peut être qu'un ensemble de citoyens ayant les mêmes droits civils et politiques. C'est se moquer de l'entendre autrement, et de croire former une Commune en faisant siéger dans la même salle des citoyens qui ont des privilèges civils et politiques inégaux. Ce n'est point en Angleterre que vous trouverez une combinaison aussi étrange. J'ajoute qu'il ne faudrait pas longtemps à cette partie de la noblesse que vous introduiriez dans votre prétendue Chambre des communes pour s'emparer de la plupart des députations. Le tiers état perdrait ses véritables représentants, et nous reviendrions à l'ancien train des choses, où la noblesse était tout et la nation rien.

Pour éviter ces inconvénients, vous proposeriez-vous de destiner la seconde Chambre exclusivement au tiers état ? Alors vous ne changez pas votre position actuelle. C'est même un mal de plus que de réunir les deux ordres privilégiés ; vous les rendez par cette alliance plus forts contre l'ordre commun, et tous ensemble en seront plus faibles contre le pouvoir ministériel qui s'aperçoit très bien qu'entre deux peuples divisés ce sera toujours à lui à faire la loi ; au reste, dans ce nouvel arrangement je ne vois pas davantage que vous vous rapprochiez de la Constitution anglaise. Vous légitimez et consacrez la distinction de l'ordre privilégiaire ; vous en séparez à jamais les intérêts de ceux de la nation, et vous éternisez la haine ou plutôt l'espèce de guerre civile, qui agite tout peuple divisé en privilégiés et non-privilégiés. Au contraire, chez nos voisins tous les intérêts de la nation sont réunis dans la Chambre des communes. Les pairs eux-mêmes se garderaient bien d'être contraires à l'intérêt commun, c'est le leur propre, c'est surtout celui de leurs frères, de leurs enfants, de toute leur famille, qui appartiennent de droit à la Commune. Et l'on ose comparer la Chambre haute d'Angleterre avec une Chambre qui réunirait le clergé et la noblesse en France ! Sous quelque forme que vous la présentiez, vous n'échapperez pas à une foule de maux qui lui appartiennent essentiellement. Si vous la composez de vrais représentants du clergé et de la noblesse de tout le royaume, ce sera, comme nous le disons, séparer à jamais les deux intérêts et renoncer à l'espoir de former *une* nation. Si vous en faites une Chambre des pairs, vous pouvez, ou la remplir de députés élus par un certain nombre de familles les plus distinguées ou tout uniment, pour vous écarter moins encore de votre modèle anglais, vous pouvez faire de la qualité de pair un privilège héréditaire ou au moins viager. Toutes ces suppositions ne font que multiplier les difficultés ; elles nécessitent toutes une Chambre des communes mi-partie et par conséquent monstrueuse, etc. Au surplus, lorsqu'il plaît au roi d'Angleterre de créer un pair, il n'est pas obligé de ne le prendre que dans une seule classe de citoyens ; nouvelle différence qui confond absolument nos idées de noblesse.

J'ai une dernière remarque à faire ; elle sort naturellement de la supposition d'une Chambre haute, composée de membres héréditaires ou choisis à vie. Il est certain que de pareils personnages ne seraient en aucune manière des représentants de la nation, et cependant ils en exerceraient les pouvoirs. De bonne foi, serait-il impossible de prévoir des circonstances telles que la *convocation* des Communes deviendrait fort embarrassante ? Mille raisons faciles à saisir pourraient d'abord la retarder d'époque en époque. Enfin, le temps presserait si fort que la Chambre haute serait convenablement invitée à donner d'avance son consentement à tel emprunt, à telle loi, etc. Je laisse à l'imagination du lecteur à faire le reste du chemin. Il serait assez plaisant que nous arrivassions enfin à cette même *Cour plénière*, que nous avons si mal accueillie naguère ! Il doit être permis, ce me semble, de ne pas aimer un projet qui pourrait nous conduire au précipice que nous croyions avoir évité pour toujours. Nous n'avons besoin assurément ni d'une Chambre *royale* ni d'une Chambre *féodale*. Mais je remarquerai, avant de finir cet article, que je n'ai attaqué la distinction des *Chambres* que dans le sens où ce serait une distinction d'*ordres*. Séparez ces deux idées, et je serai le premier à demander trois Chambres égales en tout, composées chacune du tiers de la grande députation nationale. Il ne resterait dans ce nouveau plan qu'à adopter le moyen indiqué pages 89 et 90 des *Vues sur les moyens d'exécution, etc.*, pour avoir toujours une résolution commune à la pluralité des têtes dans tous les cas où les trois Chambres considérées en corps ne s'accorderaient pas.

§ VII

QUE L'ESPRIT D'IMITATION N'EST PAS PROPRE À NOUS BIEN CONDUIRE

Nous n'aurions pas tant de foi aux institutions anglaises, si les connaissances politiques étaient plus anciennes ou plus répandues parmi nous. À cet égard, la nation française est composée d'hommes ou trop jeunes ou trop vieux. Ces deux âges, qui se rapprochent par tant d'endroits, se ressemblent encore, en ce qu'ils ne peuvent l'un et l'autre se conduire que par l'exemple. Les jeunes cherchent à imiter, les vieux ne savent que répéter. Ceux-ci sont fidèles à leurs propres habitudes. Les autres singent les habitudes d'autrui. C'est le terme de leur industrie.

Qu'on ne s'étonne donc pas de voir une nation, ouvrant à peine les yeux à la lumière, se tourner vers la Constitution d'Angleterre et vouloir la prendre pour modèle en tout. Il serait bien à désirer dans ce moment que quelque bon écrivain s'occupât de nous éclairer sur les deux questions suivantes : la Constitution britannique est-elle bonne en elle-même ? Lors même qu'elle serait bonne, peut-elle convenir à la France [1] ?

J'ai bien peur que ce chef-d'œuvre tant vanté ne pût soutenir un examen impartial fait d'après les principes du véritable ordre politique. Nous reconnaîtrions peut-être qu'il est le produit du hasard et des circonstances bien plus que des lumières. Sa Chambre haute se ressent évidemment de l'époque

1. Depuis la première édition de cet écrit, il a paru un excellent ouvrage qui remplit, à peu de chose près, le vœu que je formais ici. C'est l'*Examen du Gouvernement d'Angleterre, comparé aux Constitutions des États-Unis*, brochure de 291 pages.

de la Révolution. Nous avons déjà remarqué qu'on ne pouvait guère la regarder que comme un monument de superstition gothique.

Voyez la représentation nationale, comme elle est mauvaise dans tous ses éléments, de l'aveu des Anglais eux-mêmes ! Et pourtant les caractères d'une bonne représentation sont ce qu'il y a de plus essentiel pour former une bonne législature.

Est-ce dans les vrais principes qu'a été puisée l'idée de séparer le pouvoir législatif en trois parties, dont une seule est censée parler au nom de la nation ? Si les seigneurs et le roi ne sont pas des représentants de la nation, ils ne sont rien dans le pouvoir législatif ; car la nation seule peut vouloir pour elle-même et par conséquent se créer des lois. Tout ce qui entre dans le corps législatif n'est compétent à voter pour les peuples, qu'autant qu'il est chargé de leur procuration. Mais où est la procuration, lorsqu'il n'y a pas élection libre et générale ?

Je ne nie pas que la constitution anglaise ne soit un ouvrage étonnant pour le temps où elle a été fixée. Cependant, et quoiqu'on soit tout prêt à se moquer d'un Français qui ne se prosterne pas devant elle, j'oserai dire qu'au lieu d'y voir la simplicité du bon ordre, j'y aperçois plutôt un échafaudage de précautions contre le désordre [1]. Et comme tout est lié dans

1. Le gouvernement est en Angleterre le sujet d'un combat continuel entre le ministère et l'aristocratie de l'opposition. La

les institutions politiques, comme il n'est point d'effet qui ne soit l'origine à son tour d'une suite d'effets et de causes, que l'on prolonge suivant qu'on est capable de plus d'attention, il n'est point extraordinaire que les fortes têtes y aperçoivent beaucoup de profondeur. Au reste, il est dans le cours ordinaire des choses que les machines les plus compliquées précèdent les véritables progrès de l'art social, comme de tous les autres arts ; son triomphe sera pareillement de produire les plus grands effets par des moyens simples.

On aurait tort de décider en faveur de la Constitution britannique, précisément parce qu'elle se soutient depuis cent ans, et qu'elle paraît devoir aller encore pendant des siècles. En fait d'institutions humaines, quelle est celle qui ne dure pas très longtemps, quelque mauvaise qu'elle soit ? Le despotisme ne va-t-il pas aussi, ne semble-t-il pas éternel dans la plus grande partie du monde ?

---

nation et le roi y paraissent presque comme simples spectateurs. La politique du roi consiste à adopter toujours le parti le plus fort. La nation redoute également l'un et l'autre parti. Il faut pour son salut que le combat dure ; elle soutient donc le plus faible pour l'empêcher d'être tout à fait écrasé. Mais si le peuple, au lieu de laisser le maniement de ses affaires servir de prix dans cette lutte de gladiateurs, voulait s'en occuper lui-même par de véritables représentants, croit-on de bonne foi que toute l'importance que l'on attache aujourd'hui à la *balance* des pouvoirs ne tomberait pas avec un ordre de choses qui seul la rend nécessaire ?

Une meilleure preuve est d'en appeler aux *effets*. En comparant sous ce point de vue le peuple anglais avec leurs voisins du continent, il est difficile de ne pas croire qu'il possède quelque chose de mieux. En effet, il a une constitution, toute incomplète qu'elle peut être, et nous n'avons rien. La différence est grande. Il n'est pas étonnant qu'on s'en aperçoive aux effets. Mais il y a sûrement de l'erreur à attribuer au seul pouvoir de la constitution tout ce qu'il y a de bien en Angleterre. Il y a évidemment telle loi qui vaut mieux que la constitution elle-même. Je veux parler du jugement par *jurés*, le véritable garant de la liberté individuelle dans tous les pays du monde où l'on aspirera à être libre. Cette méthode de rendre la justice est la seule qui mette à l'abri des abus du pouvoir judiciaire, si fréquents et si redoutables partout où l'on n'est pas jugé par ses pairs. Avec elle il ne s'agit plus pour être libre que de se précautionner contre les ordres illégaux qui pourraient émaner du pouvoir ministériel ; il faut pour cela, ou une bonne constitution, l'Angleterre ne l'a point, ou des circonstances telles que le chef du pouvoir exécutif ne puisse pas soutenir à force ouverte ses volontés arbitraires. On voit bien que la nation anglaise est la seule à qui il soit permis de n'avoir pas une armée de terre redoutable pour la nation. C'est donc la seule qui puisse être libre sans une bonne constitution. Cette pensée devrait suffire pour nous dégoûter de la manie d'imiter nos voisins : consultons plutôt nos besoins ;

ils sont plus près de nous ; ils nous inspireront bien mieux. Si vous tentez de naturaliser parmi vous la Constitution anglaise, nul doute que vous n'en obteniez facilement les défauts, puisqu'ils seront utiles au seul pouvoir dont vous auriez à craindre quelque obstacle. En aurez-vous les avantages ? Cette question est plus problématique, parce que vous rencontrerez alors un pouvoir intéressé à vous empêcher d'accomplir vos désirs. Après tout, pourquoi désirons-nous avec tant d'ardeur cette constitution exotique ? C'est qu'apparemment elle se rapproche des bons principes de l'état social. Mais s'il est en tout genre, pour juger des progrès vers le bien, un modèle du bon et du beau, et si l'on ne peut pas dire que ce modèle, pour ce qui regarde l'art social, nous soit moins connu aujourd'hui qu'il ne l'était aux Anglais en 1688, pourquoi négligerions-nous le vrai type du bon, pour nous en tenir à imiter une copie ? Élevons-nous tout d'un coup à l'ambition de vouloir nous-mêmes servir d'exemple aux nations.

Aucun peuple, dit-on, n'a mieux fait que les Anglais ; et quand cela serait, les produits de l'art politique ne doivent-ils être à la fin du XVIIIe siècle que ce qu'ils étaient dans le XVIIe ! Les Anglais n'ont pas été au-dessous des lumières de leur temps ; ne restons pas au-dessous des lumières du nôtre. Surtout, ne nous décourageons pas de ne rien voir dans l'histoire qui puisse convenir à notre position. La véritable science de l'état de société ne date pas de loin. Les hommes ont construit longtemps des chaumières avant d'être en état d'élever des palais. Qui ne voit que l'architecture sociale devait être plus lente encore dans ses progrès, puisque cet art, quoique le plus important de tous, n'avait, comme l'on pense bien, aucun encouragement à recevoir des despotes et des aristocrates.

Chapitre V

CE QU'ON AURAIT DÛ FAIRE. PRINCIPES À CET ÉGARD

« En morale rien ne peut remplacer le moyen simple et *naturel.* Mais plus l'homme a perdu de temps à d'inutiles essais, plus il redoute l'idée de recommencer ; comme s'il ne valait pas toujours mieux recommencer encore une fois et finir, que de rester à la merci des événements et des ressources *factices*, avec lesquelles on recommencera sans cesse, sans être jamais plus avancé ! »

Dans toute nation libre, et toute nation doit être libre, il n'y a qu'une manière de terminer les différends qui s'élèvent touchant la constitution. Ce n'est pas à des notables qu'il faut avoir recours, c'est à la nation elle-même. Si nous manquons de constitution, il faut en faire une ; la nation seule en a le droit. Si nous avons une constitution, comme quelques-uns s'obstinent à le soutenir, et que par elle l'Assemblée nationale soit divisée, ainsi qu'ils le prétendent, en trois députations de trois ordres de citoyens, on ne peut pas du moins s'empêcher de voir qu'il y a de la part d'un de ces ordres une réclamation si forte qu'il est impossible de faire un pas de plus sans la juger. Or, à qui appartient-il de décider de pareilles contestations ?

Une question de cette nature ne peut paraître indifférente qu'à ceux qui comptant pour peu, en matière sociale, les moyens justes et naturels n'estiment que ces ressources factices, plus ou moins iniques, plus ou moins compliquées, qui font partout la réputation de ce qu'on appelle les hommes d'État, les grands politiques. Pour nous, nous ne sortirons point de la morale ; elle doit régler tous les rapports qui lient les hommes entre eux à leur intérêt particulier et à leur intérêt commun ou social. C'est à elle à nous dire ce qu'on aurait dû faire ; et après tout, il n'y a qu'elle qui puisse le dire. Il en faut toujours revenir aux principes simples, comme plus puissants que tous les efforts du génie.

Jamais on ne comprendra le mécanisme social, si l'on ne prend le parti d'analyser une société comme une machine ordinaire, d'en considérer séparément chaque partie et de les rejoindre ensuite en esprit toutes l'une après l'autre, afin d'en saisir les accords et d'entendre l'harmonie générale qui en doit résulter. Nous n'avons pas besoin ici d'entrer dans un travail aussi étendu. Mais puisqu'il faut toujours être clair, et qu'on ne l'est point en discourant sans principes, nous prierons au moins le lecteur de considérer dans la formation d'une société politique trois époques, dont la distinction préparera à des éclaircissements nécessaires.

Dans la première on conçoit un nombre plus ou moins considérable d'individus isolés qui veulent se réunir. Par ce seul fait ils forment déjà une nation : ils en ont tous les droits ; il ne s'agit plus que de les exercer. Cette première époque est caractérisée par le jeu des volontés *individuelles.* L'association est leur ouvrage ; elles sont l'origine de tout pouvoir.

La seconde époque est caractérisée par l'action de la volonté *commune.* Les associés veulent donner de la consistance à leur union ; ils veulent en remplir le but. Ils confèrent donc et ils conviennent entre eux des besoins publics et des moyens d'y pourvoir. On voit qu'ici le pouvoir appartient au public. Les volontés individuelles en sont bien toujours l'origine et en forment les éléments essentiels ; mais considérées séparément, leur pouvoir serait nul. Il ne réside que dans l'ensemble. Il faut à la communauté une volonté commune ; sans l'*unité* de volonté elle ne parviendrait point à faire un tout voulant et agissant. Certainement aussi ce tout n'a aucun droit qui n'appartienne à la volonté commune.

Mais franchissons les intervalles de temps. Les associés sont trop nombreux et répandus sur une surface trop étendue, pour exercer facilement eux-mêmes leur volonté commune. Que font-ils ? Ils en détachent tout ce qui est nécessaire, pour veiller et pourvoir aux soins publics ; et cette portion de volonté nationale et par conséquent de pouvoir, ils en confient l'exercice à quelques-uns d'entre eux. Nous voici à la troisième époque, c'est-à-dire à celle d'un *gouvernement exercé par procuration.* Remarquons sur cela plusieurs vérités. 1° La communauté ne se dépouille point du droit de vouloir ; c'est sa propriété inaliénable ; elle ne peut qu'en commettre l'exercice. Ce principe est développé ailleurs. 2° Le corps des délégués ne peut pas même avoir la plénitude de cet exercice. La communauté n'a pu lui confier de son pouvoir total que cette portion qui est nécessaire pour maintenir le bon ordre. On ne donne point du superflu en ce genre. 3° Il n'appartient donc pas au corps des délégués de déranger les limites du pouvoir qui lui a été confié. On conçoit que cette faculté serait contradictoire à elle-même.

Je distingue la troisième époque de la seconde, en ce que ce n'est plus la volonté commune *réelle* qui agit, c'est une volonté commune *représentative.* Deux caractères ineffaçables lui appartiennent ; il faut le répéter. 1° Cette volonté n'est pas pleine et illimitée dans le corps des représentants ; ce n'est qu'une portion de la grande volonté commune nationale. 2° Les délégués ne l'exercent point comme un droit propre, c'est le droit d'autrui ; la volonté commune n'est là qu'en commission.

Actuellement je laisse une foule de réflexions, auxquelles cet exposé nous conduirait assez naturellement, et je marche à mon but. Il s'agit de savoir ce qu'on doit entendre par la *constitution* politique d'une société, et de remarquer ses justes rapports avec la *nation* elle-même.

Il est impossible de créer un corps pour une fin sans lui donner une organisation, des formes et des lois propres à lui faire remplir les fonctions auxquelles on a voulu le destiner. C'est ce qu'on appelle la *constitution* de ce corps. Il est évident qu'il ne peut pas exister sans elle. Il l'est donc aussi que tout gouvernement commis doit avoir sa constitution ; et ce qui est vrai du gouvernement en général l'est aussi de toutes les parties qui le composent. Ainsi le corps des représentants, à qui est confié le pouvoir législatif ou l'exercice de la volonté commune, n'existe qu'avec la manière d'être que la nation a voulu lui donner. Il n'est rien sans ses formes constitutives ; il n'agit, il ne se dirige, il ne commande que par elles.

À cette nécessité d'organiser le corps du gouvernement, si on veut qu'il existe ou qu'il agisse, il faut ajouter l'intérêt qu'a la nation à ce que le pouvoir public délégué ne puisse jamais devenir nuisible à ses commettants. De là une multitude de précautions politiques qu'on a mêlées à la constitution, et qui sont autant de règles essentielles au gouvernement, sans lesquelles l'exercice du pouvoir deviendrait illégal [1].

On sent donc la double nécessité de soumettre le gouvernement à des formes certaines, soit intérieures, soit extérieures, qui garantissent son aptitude à la fin pour laquelle il est établi et son impuissance à s'en écarter.

---

1. Lorsque la constitution est simple et bien faite, les précautions sont en petit nombre ; dans les pays où elle est compliquée, et pour dire vrai, mal entendue, les précautions se multiplient à l'infini. Elles sont un objet d'étude. La constitution devient une science, et ce qui en fait l'essentiel, j'entends l'organisation intérieure, se perd ou est étouffé par l'échafaudage scientifique des purs accessoires.

Mais qu'on nous dise d'après quelles vues, d'après quel intérêt on aurait pu donner une constitution à la *nation* elle-même. La nation existe avant tout, elle est l'origine de tout. Sa volonté est toujours légale, elle est la loi elle-même. Avant elle et au-dessus d'elle, il n'y a que le droit *naturel.* Si nous voulons nous former une idée juste de la suite des lois *positives* qui ne peuvent émaner que de sa volonté, nous voyons en première ligne les lois *constitutionnelles*, qui se divisent en deux parties : les unes règlent l'organisation et les fonctions du corps *législatif* ; les autres déterminent l'organisation et les fonctions des différents corps *actifs.* Ces lois sont dites *fondamentales*, non pas en ce sens qu'elles puissent devenir indépendantes de la volonté nationale, mais parce que les corps qui existent et agissent par elles ne peuvent point y toucher. Dans chaque partie la constitution n'est pas l'ouvrage du pouvoir constitué, mais du pouvoir constituant. Aucune sorte de pouvoir délégué ne peut rien changer aux conditions de sa délégation. C'est ainsi et non autrement que les lois constitutionnelles sont *fondamentales.* Les premières, celles qui établissent la législature, sont *fondées* par la volonté nationale avant toute constitution ; elles en forment le premier degré. Les secondes doivent être établies de même par une volonté représentative *spéciale.* Ainsi toutes les parties du gouvernement se répondent et dépendent en dernière analyse de la nation. Nous n'offrons ici qu'une idée fugitive, mais elle est exacte.

On conçoit facilement ensuite comment les lois proprement dites, celles qui protègent les citoyens et décident de l'intérêt commun, sont l'ouvrage du corps législatif formé et se mouvant d'après ses conditions constitutives. Quoique nous ne présentions ces dernières lois qu'en seconde ligne, elles sont néanmoins les plus importantes, elles sont la *fin* dont la constitution n'est que le *moyen*. On peut les diviser en deux parties : les lois immédiates ou protectrices et les lois médiates ou directrices. Ce n'est pas ici le lieu de donner plus de développement à cette analyse [1].

Nous avons vu naître la constitution dans la seconde époque. Il est clair qu'elle n'est relative qu'au *gouvernement*. Il serait ridicule de supposer la nation liée elle-même par les formalités ou par la constitution, auxquelles elle a assujetti ses mandataires. S'il lui avait fallu attendre, pour devenir une nation, une manière d'être *positive*, elle n'aurait jamais été. La nation se forme par le seul droit *naturel*. Le gouvernement, au contraire, ne peut appartenir qu'au droit *positif*. La nation est tout ce qu'elle peut être par cela seul qu'elle est. Il ne dépend point de sa volonté de

1. Disons seulement que le vrai moyen de ne point s'entendre est de confondre toutes les parties de l'ordre social sous le nom de constitution.

s'attribuer plus ou moins de droits qu'elle n'en a. À sa première époque elle a tous ceux d'une nation. À la seconde époque elle les exerce ; à la troisième elle en fait exercer par ses représentants tout ce qui est nécessaire pour la conservation et le bon ordre de la communauté. Si l'on sort de cette suite d'idées simples, on ne peut que tomber d'absurdités en absurdités.

Le gouvernement n'exerce un pouvoir réel qu'autant qu'il est constitutionnel ; il n'est légal qu'autant qu'il est fidèle aux lois qui lui ont été imposées. La volonté nationale, au contraire, n'a besoin que de sa réalité pour être toujours légale, elle est l'origine de toute légalité.

Non seulement la nation n'est pas soumise à une constitution, mais elle ne *peut* pas l'être, mais elle ne *doit* pas l'être, ce qui équivaut encore à dire qu'elle ne l'est pas.

Elle ne *peut* pas l'être. De qui, en effet, aurait-elle pu recevoir une forme positive ? Est-il une autorité antérieure qui ait pu dire à une multitude d'individus : « Je vous réunis sous telles lois ; vous formerez une nation aux conditions que je vous prescris » ? Nous ne parlons pas ici brigandage ni domination, mais association légitime, c'est-à-dire volontaire et libre.

Dira-t-on qu'une nation peut, par un premier acte de sa volonté à la vérité indépendant de toute forme, s'engager à ne plus vouloir à l'avenir que d'une manière déterminée ? D'abord, une nation ne peut ni aliéner ni s'interdire le droit de vouloir ; et quelle que soit sa volonté, elle ne peut pas perdre le droit de la changer dès que son intérêt l'exige. En second lieu, envers qui cette nation se serait-elle engagée ? Je conçois comment elle peut *obliger* ses membres, ses mandataires, et tout ce qui lui appartient ; mais peut-elle en aucun sens s'imposer des devoirs envers elle-même ? Qu'est-ce qu'un contrat avec soi-même ? Les deux termes étant la même volonté, on voit qu'elle peut toujours se dégager du prétendu engagement.

Quand elle le pourrait, une nation ne *doit* pas se mettre dans les entraves d'une forme positive. Ce serait s'exposer à perdre sa liberté sans retour, car il ne faudrait qu'un moment de succès à la tyrannie pour dévouer les peuples, sous prétexte de constitution, à une *forme* telle qu'il ne leur serait plus possible d'exprimer librement leur volonté et par conséquent de secouer les chaînes du despotisme. On doit concevoir les nations sur la terre comme des individus hors du lien social ou, comme l'on dit, dans l'état de nature. L'exercice de leur volonté est libre et indépendant de toutes formes civiles. N'existant que dans l'ordre naturel, leur volonté, pour sortir tout son effet, n'a besoin que de porter les caractères *naturels* d'une volonté. De quelque manière qu'une nation veuille, il suffit qu'elle veuille ; toutes les formes sont bonnes, et sa volonté est toujours la loi suprême.

Puisque pour imaginer une société légitime, nous avons supposé aux volontés individuelles, purement naturelles, la puissance morale de former l'association, comment refuserions-nous de reconnaître une force semblable dans une volonté *commune*, également naturelle ? Une nation ne sort jamais de l'état de nature, et au milieu de tant de périls elle n'a jamais trop de toutes les manières possibles d'exprimer sa volonté. Ne craignons point de le répéter : une nation est indépendante de toute forme ; et de quelque manière qu'elle veuille, il suffit que sa volonté paraisse pour que tout droit positif cesse devant elle comme devant la source et le maître suprême de tout droit positif.

Mais il est une preuve encore plus pressante de la vérité de nos principes, qui pourraient cependant se passer de nouvelles preuves.

Une nation ne doit ni ne peut s'astreindre à des formes constitutionnelles, car au premier différend qui s'élèverait entre les parties de cette constitution, que deviendrait la nation ainsi disposée ou ordonnée de façon à ne pouvoir agir que suivant la constitution disputée ? Faisons attention combien il est essentiel dans l'ordre civil que les citoyens trouvent dans une branche du pouvoir actif une autorité prompte à terminer leurs procès. De même les diverses parties du pouvoir actif doivent avoir chez un peuple libre la liberté d'invoquer la décision de la législature dans toutes les difficultés imprévues. Mais si votre législature elle-même, si les différentes parties de cette première constitution ne s'accordent pas entre elles, qui sera le juge suprême ? Car il en faut toujours un, ou bien l'anarchie succède à l'ordre.

Comment imagine-t-on qu'un corps constitué pourrait décider de sa constitution ? Une ou plusieurs parties intégrantes d'un corps moral ne sont rien séparément. Le pouvoir n'appartient qu'à l'ensemble. Dès qu'une partie réclame, l'ensemble n'est plus ; or, s'il n'existe pas, comment pourrait-il juger [1] ? Ainsi donc on doit sentir qu'il n'y aurait plus de constitution dans un pays au moindre embarras qui surviendrait entre ses parties, si la nation n'existait indépendante de toute règle et de toute forme constitutionnelle.

À l'aide de ces éclaircissements nous pouvons répondre à la question que nous nous sommes faite. Il est constant que les parties de ce que vous croyez être la constitution française ne sont pas d'accord entre elles. À qui donc appartient-il de décider ? À la

1. On dit en Angleterre que la Chambre des communes représente la nation. Cela n'est pas exact. Peut-être l'ai-je déjà remarqué : en ce cas je répète que si les Communes seules représentaient toute la volonté nationale, elles formeraient seules tout le corps législatif. La constitution ayant décidé qu'elles n'en étaient qu'*une* partie sur *trois*, il faut bien que le roi et les lords soient regardés comme des représentants de la nation.

nation, indépendante, comme elle l'est nécessairement, de toute forme positive. Quand même la nation aurait ses États généraux réguliers, ce ne serait pas à ce corps constitué à prononcer sur un différend qui touche à sa constitution. Il y aurait à cela une pétition de principes, un cercle vicieux.

Les représentants *ordinaires* d'un peuple sont chargés d'exercer dans les formes constitutionnelles toute cette portion de la volonté commune, qui est nécessaire pour le maintien d'une bonne administration sociale. Leur pouvoir est borné aux affaires du gouvernement.

Des représentants *extraordinaires* auront tel nouveau pouvoir qu'il plaira à la nation de leur donner. Puisqu'une grande nation ne peut s'assembler elle-même en réalité toutes les fois que des circonstances hors de l'ordre commun pourraient l'exiger, il faut qu'elle confie à des représentants extraordinaires les pouvoirs nécessaires dans ces occasions. Si elle pouvait se réunir devant vous et exprimer sa volonté, oseriez-vous la lui disputer, parce qu'elle ne l'exerce pas dans une forme plutôt que dans une autre ? Ici la réalité est tout, la forme n'est rien.

Un corps de représentants extraordinaires supplée à l'assemblée de cette nation. Il n'a pas besoin sans doute d'être chargé de la *plénitude* de la volonté nationale ; il ne lui faut qu'un pouvoir spécial, et dans des cas rares ; mais il remplace la nation dans son *indépendance* de toutes formes constitutionnelles.

Il n'est pas nécessaire ici de prendre tant de précautions pour empêcher l'abus de pouvoir ; ces représentants ne sont députés que pour une seule affaire et pour un temps seulement. Je dis qu'ils ne sont point astreints aux formes constitutionnelles sur lesquelles ils ont à décider. 1° Cela serait contradictoire, car ces formes sont indécises ; c'est à eux à les régler. 2° Ils n'ont rien à dire dans le genre d'affaires pour lequel on avait fixé les formes positives. 3° Ils sont mis à la place de la nation elle-même ayant à régler la constitution. Ils en sont indépendants comme elle. Il leur suffit de vouloir comme veulent des individus dans l'état de nature ; de quelque manière qu'ils soient députés, qu'ils s'assemblent, et qu'ils délibèrent, pourvu qu'on ne puisse pas ignorer (et comment la nation qui les commet l'ignorerait-elle ?) qu'ils agissent en vertu d'une commission extraordinaire des peuples, leur volonté commune vaudra celle de la nation elle-même.

Je ne veux pas dire qu'une nation ne puisse donner à ses représentants ordinaires la nouvelle commission dont il s'agit ici. Les mêmes personnes peuvent sans doute concourir à former différents corps, et exercer successivement, en vertu de procurations spéciales, des pouvoirs qui de leur nature ne doivent point se confondre. Mais toujours est-il vrai qu'une représentation extraordinaire ne ressemble point à la législature ordinaire. Ce sont des pouvoirs distincts. Celle-ci ne peut se mouvoir que dans les formes et aux conditions qui lui sont imposées. L'autre n'est soumise à aucune forme en particulier : elle s'assemble et délibère comme ferait la nation elle-même, si, n'étant composée que d'un petit nombre d'individus, elle voulait donner une constitution à son gouvernement. Ce ne sont point ici des distinctions inutiles. Tous les principes que nous venons de citer sont essentiels à l'ordre social ; il ne serait pas complet, s'il pouvait se rencontrer un seul cas sur lequel il ne pût indiquer des règles de conduite capables de pourvoir à tout [1].

Il est temps de revenir au titre de ce chapitre, *Qu'aurait-on dû faire* au milieu de l'embarras et des

1. Ces principes décident clairement la question agitée dans ce moment en Angleterre entre MM. Pitt et Fox. M. Fox a tort de ne vouloir pas que la *nation* donne la régence à *qui* et *comme* il lui plaît. Où la loi ne statue pas, la nation seule peut statuer. M. Pitt se trompe en voulant faire décider la question par le parlement. Le parlement est incomplet, il est nul, puisque le roi, qui en est la troisième partie, est incapable de vouloir. Les deux Chambres peuvent bien préparer un statut, elles ne peuvent point le *sanctionner.* Je prends ce mot dans le sens que l'usage lui donne aujourd'hui. Il faut donc demander à la nation des représentants extraordinaires... On n'en fera rien. Ce serait l'époque d'une bonne constitution. Ni l'opposition ni le ministère n'en ont envie. On tient aux formes par lesquelles on existe ; quelque vicieuses qu'elles soient, on les préfère au plus bel ordre social. Avez-vous jamais vu le vieillard caduc se consoler de mourir, quelque frais et vigoureux que puisse être le jeune homme qu'il voit prêt à le remplacer ? Il est dans la nature que les corps politiques, comme tous les corps animés, se défendent tant qu'ils peuvent du dernier moment.

disputes sur les prochains États généraux ? Appeler des notables ? Non. Laisser languir la nation et les affaires ? Non. Manœuvrer auprès des parties intéressées pour les engager à céder chacune de leur côté ? Non. Il fallait recourir au grand moyen d'une représentation extraordinaire. C'est la nation qu'il fallait consulter.

Répondons à deux questions qui se présentent encore. Où prendre la nation ? À qui appartient-il de l'interroger ?

1° Où prendre la nation ? Où elle est ; dans les quarante mille paroisses qui embrassent tout le territoire, tous les habitants et tous les tributaires de la chose publique ; c'est là sans doute la nation. On aurait indiqué une division territoriale pour faciliter le moyen de se former en arrondissements de vingt à trente paroisses par des premiers députés. Sur un plan semblable, les arrondissements auraient formé des provinces ; et celles-ci auraient envoyé à la métropole de vrais représentants extraordinaires avec pouvoir spécial de décider de la constitution des États généraux.

Direz-vous que ce moyen eût entraîné trop de lenteurs ? Pas plus en vérité que cette suite d'expédients qui n'ont abouti qu'à embrouiller les affaires. D'ailleurs, il s'agissait de prendre les vrais moyens d'aller à son but, et non de négocier avec le temps. Si on avait voulu ou su rendre hommage aux bons principes, on aurait plus fait pour la nation en quatre mois que le cours des lumières et de l'opinion publique, que je suppose pourtant très puissant, ne pourra faire dans un demi-siècle.

Mais, direz-vous, si la *pluralité* des citoyens avait nommé les représentants extraordinaires, que serait devenue la distinction des trois ordres, que deviendraient les privilèges ? Ce qu'ils doivent être. Les principes que je viens d'exposer sont certains. Il faut renoncer à tout ordre social ou les reconnaître. La nation est toujours maîtresse de réformer sa constitution. Surtout elle ne peut pas se dispenser de s'en donner une certaine, quand elle est contestée. Tout le monde en convient aujourd'hui ; et ne voyez-vous pas qu'il lui serait impossible d'y toucher, si elle-même n'était que partie dans la querelle ? Un corps soumis à des formes constitutives ne peut rien décider que d'après sa constitution. Il ne peut pas s'en donner une autre. Il cesse d'exister dès le moment qu'il se meut, qu'il parle, qu'il agit autrement que dans les formes qui lui ont été imposées. Les États généraux, fussent-ils assemblés, sont donc incompétents à rien décider sur la constitution. Ce droit n'appartient qu'à la nation seule, indépendante, nous ne cessons de le répéter, de toutes formes et de toutes conditions.

Les privilégiés, comme l'on voit, ont de bonnes raisons pour confondre les idées et les principes en cette matière. Ils soutiendront aujourd'hui avec intrépidité le contraire de ce qu'ils avançaient il y a six mois. Alors il n'y avait qu'un cri en France ; nous n'avions point de constitution, et nous demandions à en former une. Aujourd'hui nous avons non seulement une constitution, mais, si l'on en croit les privilégiés, elle renferme deux dispositions excellentes et inattaquables. La première, c'est la *division par ordres* de citoyens ; la seconde, c'est *l'égalité d'influence* pour chaque ordre dans la formation de la volonté nationale. Nous avons bien assez prouvé déjà qu'alors même que toutes ces choses formeraient notre constitution, la nation serait toujours maîtresse de les changer. Il reste à examiner plus particulièrement la nature de cette *égalité* d'influence que l'on voudrait attribuer à chaque ordre sur la volonté nationale. Nous allons voir que cette idée est la plus absurde possible, et qu'il n'y a pas de nation qui puisse rien mettre de pareil dans sa constitution.

Une société politique ne peut être que l'ensemble des associés. Une nation ne peut pas décider qu'elle ne sera pas la nation, ou qu'elle ne le sera que d'une manière ; car ce serait dire qu'elle ne l'est point de toute autre. De même une nation ne peut statuer que sa volonté commune cessera d'être sa volonté commune. Il est malheureux d'avoir à énoncer de ces propositions dont la simplicité paraîtrait niaise, si l'on ne songeait aux conséquences qu'on veut en tirer. Donc une nation n'a jamais pu statuer que les droits inhérents à la volonté commune, c'est-à-dire à la pluralité, passeraient à la minorité. La volonté commune ne peut pas se détruire elle-même. Elle ne peut pas changer la nature des choses et faire que l'avis de la minorité soit l'avis de la pluralité. On voit bien qu'un pareil statut, au lieu d'être un acte légal ou moral, serait un acte de démence.

Si donc on prétend qu'il appartient à la constitution française que deux cent mille individus fassent sur un nombre de vingt millions de citoyens les deux tiers de la volonté commune, que répondre, si ce n'est qu'on soutient que deux et deux font cinq ?

Les volontés individuelles sont les seuls éléments de la volonté commune. On ne peut ni priver le plus grand nombre du droit d'y concourir, ni arrêter que dix volontés n'en vaudront qu'une, contre dix autres qui en vaudront trente. Ce sont là des contradictions dans les termes, de véritables absurdités.

Si l'on abandonne un seul instant ce principe de première évidence, que la volonté commune est l'avis de la pluralité et non celui de la minorité, il est inutile de parler raison. Au même titre on peut décider que la volonté d'un seul sera dite la pluralité, et il n'est plus besoin ni d'États généraux, ni de volonté nationale, etc., car si la volonté d'un noble peut en valoir dix, pourquoi celle d'un ministre n'en vaudrait-elle pas cent, un million, vingt-six millions ? Avec de pareilles raisons on peut fort bien renvoyer chez eux tous les députés nationaux et étouffer toutes les réclamations des peuples.

Aurions-nous besoin d'appuyer davantage sur la conséquence naturelle de ces principes ? Il est constant que dans la représentation nationale, ordinaire ou extraordinaire, l'influence ne peut être qu'en raison du nombre des têtes qui ont *droit* à se faire représenter. Le corps représentant est toujours, pour ce qu'il a à faire, à la place de la nation elle-même. Son influence doit conserver la même *nature*, les mêmes *proportions* et les mêmes *règles*.

Concluons qu'il y a un accord parfait entre tous les principes pour décider, 1° qu'une représentation extraordinaire peut seule toucher à la constitution ou nous en donner une ; 2° que cette représentation constituante doit se former sans égard à la distinction des ordres.

2° À qui appartient-il d'interroger la nation ? Si nous avions une constitution législative, chacune de ses parties en aurait le droit par la raison que le recours aux juges est toujours ouvert aux plaideurs, ou plutôt parce que les interprètes d'une volonté sont obligés de consulter leurs commettants, soit pour faire expliquer leur procuration, soit pour leur donner avis des circonstances qui exigeraient de nouveaux pouvoirs. Mais il y a près de deux siècles que nous sommes sans représentants, en supposant qu'il y en eût alors. Puisque nous n'en avons point, qui les remplacera auprès de la nation ? Qui préviendra les peuples du besoin d'envoyer des représentants extraordinaires ? La réponse à cette question ne peut embarrasser que ceux qui attachent au mot de *convocation* le fatras des idées anglaises. Il ne s'agit pas ici de *prérogative* royale, mais du sens simple et naturel d'une *convocation*. Ce terme embrasse : *avis* à donner du besoin national et *indication* d'un rendez-vous commun. Or, quand le salut de la patrie presse tous les citoyens, perdra-t-on le temps à s'enquérir de celui qui a le *droit* de convoquer ? Il faudrait plutôt demander : Qui n'en a pas le droit ? C'est le *devoir* sacré de tous ceux qui y peuvent quelque chose. À plus forte raison le pouvoir exécutif le peut-il, lui qui est bien plus en mesure que les simples particuliers de prévenir la généralité des citoyens, d'indiquer le lieu de l'assemblée et d'écarter tous les obstacles que l'intérêt de corps pourrait y opposer. Certainement le prince en sa qualité de premier citoyen est plus intéressé qu'aucun autre à convoquer les peuples. S'il est incompétent à décider sur la constitution, on ne peut pas dire qu'il le soit à provoquer cette décision.

Ainsi, point de difficulté sur la question : Qu'est-ce qu'on aurait dû faire ? On aurait dû convoquer la nation, pour qu'elle députât à la métropole des représentants extraordinaires avec une procuration spéciale, pour régler la constitution de l'assemblée nationale ordinaire. Je n'aurais pas voulu que ces représentants eussent eu en outre des pouvoirs pour se former ensuite en assemblée ordinaire, conformément à la constitution qu'ils auraient fixée eux-mêmes, sous une autre qualité ; j'aurais craint qu'au lieu de travailler uniquement pour l'intérêt national, ils n'eussent trop fait attention à l'intérêt du corps qu'ils allaient former. En politique c'est le mélange, c'est la confusion des pouvoirs qui rendra constamment impossible l'établissement de l'ordre social sur la terre ; comme aussi dès qu'on voudra séparer ce qui doit être distinct, on parviendra à résoudre le grand problème d'une société humaine disposée pour l'avantage général de ceux qui la composent.

On pourra me demander pourquoi je me suis étendu si longuement sur ce qu'*on aurait dû faire*. Le passé est passé, dira-t-on. Je réponds, premièrement, que la connaissance de ce qu'on aurait dû faire peut mener à la connaissance de ce qu'on fera. En second lieu, il est toujours bon de présenter les vrais principes, surtout dans une matière si neuve pour la plupart des esprits. Enfin, les vérités de ce chapitre peuvent servir à mieux expliquer celles du chapitre suivant.

Chapitre VI

CE QUI RESTE À FAIRE. DÉVELOPPEMENT DE QUELQUES PRINCIPES

Le temps n'est plus où les trois ordres, ne songeant qu'à se défendre du despotisme ministériel, étaient prêts à se réunir contre l'ennemi commun. Quoiqu'il soit impossible à la nation de tirer un parti utile de la circonstance présente, de faire un seul pas vers l'ordre social sans que le tiers état en recueille aussi les fruits, cependant la fierté des deux premiers ordres s'est irritée en voyant les grandes municipalités du royaume réclamer la moindre partie des droits politiques qui appartiennent au peuple. Que voulaient-ils donc, ces privilégiés si ardents à défendre leur superflu, si prompts à empêcher le tiers état d'obtenir en ce genre le plus strict nécessaire ? Entendaient-ils que la régénération dont on se flatte ne serait que pour eux, et voulaient-ils ne se servir du peuple, toujours malheureux, que comme d'un instrument aveugle pour étendre et consacrer leur aristocratie ?

Que diront les générations futures en apprenant l'espèce de fureur avec laquelle le second ordre de l'État et le premier ordre du clergé ont poursuivi toutes les demandes des villes ? Pourront-elles croire aux ligues secrètes et publiques, aux feintes alarmes [1] et à la perfidie des manœuvres dont on a enveloppé les défenseurs du peuple ? Rien ne sera oublié dans les fidèles récits que les écrivains patriotes préparent à la postérité. On fera connaître la *noble* conduite des magnats de la France, dans une circonstance si propre pourtant à inspirer quelques sentiments de patriotisme aux hommes même les plus absorbés dans leur égoïsme. Comment des princes de la

1. Il est réellement trop plaisant de voir la plupart des nobles s'efforcer de travestir en insurrection contre l'autorité royale des démarches qu'ils craignent, au fond du cœur, comme favorables au despotisme. Ce pauvre Tiers, auquel ils dénient toute énergie, et dont ils ne s'expliquent le courage qu'en recourant à ce qu'ils appellent les manœuvres du ministère lui-même, ils ne craignent point de le représenter comme un assemblage de *révoltés* contre le roi. Les nobles disent entre eux : Rien n'est plus dangereux à la liberté que le langage du Tiers, qui ressemble un peu trop en effet à cette supplication : « Sire, faites de nous ce qu'il vous plaira, pourvu que vous ne nous laissiez pas dévorer par les aristocrates. » En même temps ils disent au roi : « Le peuple en veut à votre trône : prenez-y garde ; il projette de renverser la monarchie. » Avec un tel esprit, pourquoi n'irait-on pas jusqu'à exciter soi-même la populace, toujours aveugle, toujours superstitieusement docile aux mouvements qu'il plaît à l'aristocratie de lui communiquer ? On se ménagerait ainsi le prétexte de dire : *Voilà votre tiers état !* Mais partout les honnêtes gens répondront : *Voilà les aristocrates !* S'il n'y en avait pas, avec quelle facilité nous deviendrions en ce moment la première nation du monde, c'est-à-dire la plus libre et la plus heureuse !

maison régnante ont-ils pu se déterminer à prendre parti dans une querelle entre les ordres de l'État ? Comment ont-ils laissé de méprisables rédacteurs vomir les calomnies atroces autant que ridicules, qui remplissent l'incroyable mémoire publié sous leur nom ?

On se plaint de la violence de quelques écrivains du tiers état. Qu'est-ce que la manière de penser d'un individu isolé ? Rien. Les véritables démarches du tiers état, celles qui sont authentiques, se bornent aux pétitions des municipalités et d'une partie des pays d'état. Qu'on les compare à la démarche également authentique des princes contre le peuple, qui se gardait bien de les attaquer. Quelle modestie ! Quelle mesure dans les premières ! Quelle violence ! Quelle profonde iniquité dans la seconde !

Inutilement le tiers état attendrait-il du concours des ordres la restitution de ses droits *politiques* et la plénitude de ses droits *civils* ; la crainte de voir réformer les abus inspire aux aristocrates plus d'alarmes qu'ils ne sentent de désirs pour la liberté. Entre elle et quelques privilèges odieux, ils ont fait choix de ceux-ci. L'âme des privilégiés s'est identifiée avec les faveurs de la servitude. Ils redoutent aujourd'hui ces États généraux qu'ils invoquaient naguère avec tant de vivacité. Tout est bien pour eux ; ils ne se plaignent plus que de l'esprit d'innovation ; ils ne manquent plus de rien ; la peur leur a donné une constitution.

Le tiers état doit s'apercevoir, au mouvement des esprits et des affaires, qu'il ne peut plus rien espérer que de ses lumières et de son courage. La raison et la justice sont pour lui ; il faut au moins qu'il s'en assure toute la force. Non, il n'est plus temps de travailler à la conciliation des partis. Quel accord peut-on espérer entre l'énergie de l'opprimé et la rage des oppresseurs ? Ils ont osé prononcer le mot *scission.* Ils en ont menacé le roi et le peuple. Eh ! grands dieux ! qu'il serait heureux pour la nation qu'elle fût faite à jamais, cette scission si désirable ! Combien il serait aisé de se passer des privilégiés ! Combien il sera difficile de les amener à être citoyens !

Les aristocrates qui ont attaqué les premiers n'ont pas songé qu'ils commettaient la plus grande maladresse en faisant agiter de certaines questions. Chez un peuple accoutumé à la servitude on peut laisser dormir les vérités ; mais si vous excitez l'attention, si vous avertissez de faire choix entre elles et l'erreur, l'esprit s'attache à la vérité comme des yeux sains se tournent naturellement vers la lumière. Or, la lumière en morale ne peut se répandre à un certain point sans conduire à l'équité, de gré ou de force ; c'est qu'en morale les vérités sont liées aux droits ; c'est que la connaissance des droits en réveille le sentiment ; c'est que le sentiment de ses droits remonte, au fond de l'âme, le ressort de la liberté qui n'est jamais tout à fait brisé chez les Européens. Il faudrait être aveugle pour ne pas s'apercevoir que notre nation s'est heureusement saisie de quelques-uns de ces principes féconds, qui mènent à tout ce qui est bon, juste et utile. Il n'est plus possible ni de les oublier ni de les contempler dans une stérile indifférence. Dans ce nouvel état de choses, il est naturel que les classes opprimées sentent plus vivement le besoin du retour au bon ordre ; elles ont plus d'intérêt à rappeler parmi les hommes la justice, cette première des vertus si longtemps exilée de la terre. C'est donc au tiers état à faire les plus grands efforts et presque toutes les avances de la restauration nationale. Il faut au surplus le prévenir qu'il ne s'agit pas pour lui, s'il ne parvient à être mieux, de rester au moins comme il était. Les circonstances ne souffrent point de ce calcul de la lâcheté. Il s'agit d'avancer ou de reculer. Si vous ne voulez point proscrire cette foule de privilèges iniques et antisociaux, décidez-vous donc à les reconnaître et à les légitimer. Or, le sang bouillonne à l'idée seule qu'il fût possible de *consacrer légalement* à la fin du XVIIe siècle les abominables fruits de l'abominable féodalité. Il a été un temps, hélas bien long, où l'impuissance du Tiers méritait à sa triste condition les regrets et les larmes des patriotes. Mais si lui-même ourdissait son infortune, si, à l'époque où il peut quelque chose, il se vouait volontairement à l'abjection et à l'opprobre, de quels sentiments, de quels noms faudrait-il le flétrir ? On plaignait le faible, il faudrait mépriser le lâche. Écartons l'image du dernier degré de malheur certainement impossible, puisqu'il supposerait dans vingt-cinq millions d'hommes le dernier degré de bassesse.

Pendant que les aristocrates parleront de leur honneur et veilleront à leur intérêt, le tiers état, c'est-à-dire la nation, développera sa vertu, car si l'intérêt de corps est égoïsme, l'intérêt national est vertu. On laissera les nobles alimenter leur mourante vanité du plaisir d'injurier le Tiers par les termes les plus insolents de la langue féodale. Ils répéteront les mots de *roturiers*, de *manants*, de *vilains*, oubliant que ces expressions, quelque sens qu'on veuille leur donner, sont ou étrangères aujourd'hui au tiers état, ou communes aux trois ordres ; oubliant encore que lorsqu'elles étaient exactes, les quatre-vingt-dix-neuf centièmes d'entre eux étaient incontestablement des *roturiers*, des *manants* et des *vilains* et les autres nécessairement des brigands. En vain les privilégiés fermeraient les yeux sur la révolution que le temps et la force des choses ont opérée ; elle n'en est pas moins réelle. Autrefois le Tiers était serf, l'ordre noble était tout. Aujourd'hui le Tiers est tout, la noblesse est un mot ; mais sous ce mot s'est glissée illégalement, et par la seule influence d'une fausse opinion, une nouvelle et intolérable aristocratie ; et le peuple a toute raison de ne point vouloir d'aristocrates [1].

---

1. POINT D'ARISTOCRATIE devrait être comme le cri de ralliement de tous les amis de la nation et du bon ordre ; les

Dans cet état de choses, que reste-t-il à faire au Tiers s'il veut se mettre en possession de ses droits politiques d'une manière utile à la nation ? Il se présente deux moyens pour y parvenir.

En suivant le premier, le Tiers doit s'assembler à part ; il ne concourra point avec la noblesse et le clergé, il ne votera avec eux ni par *ordre* ni par *têtes*. Je prie qu'on fasse attention à la différence énorme qu'il y a entre l'assemblée du tiers état et celles des

---

aristocrates croiront répondre en disant : POINT DE DÉMOCRATIE. Mais on répétera avec eux et *contre eux* point de démocratie. Ces messieurs ignorent que des représentants ne sont point des démocrates ; que la véritable démocratie étant impossible chez un peuple nombreux, il est insensé d'y croire ou d'avoir l'air de la redouter ; mais que la fausse démocratie n'est, hélas ! que trop possible ; qu'elle réside dans une caste qui prétend avoir par droit de naissance, ou à tout autre titre aussi ridicule et aussi indépendant de la procuration des peuples, les *pouvoirs* que le corps des citoyens exercerait dans une véritable démocratie. Elle est, cette fausse démocratie, avec tous les maux qu'elle traîne à sa suite, dans un pays que l'on dit, que l'on croit monarchique, mais où une caste privilégiaire s'est attribué le monopole du gouvernement, des pouvoirs et de toutes les places. C'est là cette démocratie féodale que vous avez à redouter, qui ne cesse d'inspirer de vaines terreurs pour se conserver une grande importance, qui cache sa nullité pour le bien sous le nom de *corps intermédiaire* et sa puissance pour le mal sous l'autorité imposante de l'aristocrate Montesquieu. Il est évident pour quiconque veut y réfléchir qu'une caste d'aristocrates, quoique décorée par le plus stupide préjugé, est aussi contraire à l'autorité du monarque qu'aux intérêts du peuple.

deux autres ordres. La première représente vingt-cinq millions d'hommes et délibère sur les intérêts de la nation. Les deux autres, dussent-elles se réunir, n'ont des pouvoirs que d'environ deux cent mille individus et ne songent qu'à leurs privilèges. Le Tiers seul, dira-t-on, ne peut pas former les *États généraux*. Eh ! tant mieux ! Il composera une *Assemblée nationale*[1]. Un conseil de cette importance a besoin d'être justifié par tout ce que les bons principes offrent de plus clair et de plus certain.

Je dis que les députés du clergé et de la noblesse n'ont rien de commun avec la représentation nationale, que nulle alliance n'est possible entre les

1. Il y a de grands avantages à faire exercer le pouvoir législateur par trois corps ou Chambres, plutôt que par une seule. Il y a une extrême déraison à composer ces trois Chambres de trois *ordres* ennemis l'un de l'autre. Le véritable milieu consiste donc à séparer en trois divisions égales les représentants du Tiers. Dans cet arrangement vous trouverez même mission, intérêt commun et même but. J'adresse cette remarque à ceux qui, épris de l'idée de *balancer les parties du pouvoir législatif,* imaginent qu'il n'y a rien de mieux en ce genre que la Constitution anglaise. Ne peut-on accueillir le bien sans épouser le mal ? D'ailleurs nous l'avons dit plus haut, les Anglais n'ont qu'un ordre, ou plutôt n'en ont point, de sorte qu'en composant notre balance législative de différents *ordres,* elle serait, nous ne saurions trop le répéter, infiniment plus vicieuse encore que celle de nos voisins. C'est une importante recherche que celle des principes sur lesquels on doit régler la formation des Chambres législatives, sans manquer à l'intérêt *commun,* en l'assurant au contraire par un juste équilibre entre les grands travaux qui le composent essentiellement. Nous traiterons ailleurs cette question.

trois ordres aux États généraux, et que ne pouvant point voter *en commun*, ils ne le peuvent ni par *ordre* ni pu *têtes*. Nous avons promis en finissant le troisième chapitre de prouver ici cette vérité, que les bons esprits doivent se hâter de répandre dans le public.

Il n'est pas, dit une maxime de droit universel, *de plus grand défaut que le défaut de pouvoir*. On le sait, la noblesse n'est pas députée par le clergé et le Tiers. Le clergé n'est point chargé de la procuration des nobles et des communes. Donc, chaque ordre est une nation distincte, qui n'est pas plus compétente à s'immiscer dans les affaires des autres ordres que les États généraux de Hollande ou le Conseil de Venise, par exemple, ne sont habiles à voter dans les délibérations du Parlement d'Angleterre. Un procureur fondé ne peut lier que ses commettants, un représentant n'a droit de porter la parole que pour ses représentés [1].

1. Néanmoins, gardons-nous bien de demander la réunion des trois ordres dans chaque bailliage, pour élire en commun tous les députés. Ce projet semble aller au-devant de notre difficulté ; mais je le regarde d'autre part comme extrêmement dangereux, tant qu'on ne commencera point par établir l'égalité des droits *politiques*. Il ne faut pas que le Tiers se prête jamais à une démarche par laquelle on lui ferait reconnaître et consacrer la *distinction* des ordres et le triomphe absurde de la minorité sur la très grande pluralité. Cette imprudente conduite serait aussi nuisible à ses intérêts, à ceux de la nation, que contraire aux règles les plus simples de la bonne politique et de l'arithmétique.

Si l'on méconnaît cette vérité, il faut anéantir tous les principes et renoncer à raisonner.

On doit voir d'après cela qu'il est en bonne règle parfaitement inutile de chercher le rapport ou la *proportion* suivant laquelle chaque ordre doit concourir à former la volonté générale. Cette volonté ne peut pas être *une* tant que vous laisserez trois ordres et trois représentations. Tout au plus ces trois assemblées pourraient se réunir dans le même vœu, comme trois nations alliées peuvent former le même désir. Mais vous n'en ferez jamais *une* nation, *une* représentation et *une* volonté commune.

Je sens que ces vérités, toutes certaines qu'elles sont, deviennent embarrassantes dans un État qui ne s'est pas formé sous les auspices de la raison et de l'équité politique. Que voulez-vous ? Votre maison ne se soutient que par artifice, à l'aide d'une forêt d'étaies informes placées sans goût et sans dessein, si ce n'est celui d'étançonner les parties à mesure qu'elles menaçaient ruine ; il faut la reconstruire, ou bien vous résoudre à vivre, comme l'on dit, au jour le jour, dans la gêne et dans l'inquiétude d'être à la fin écrasé sous ses débris. Tout se tient dans l'ordre social. Si vous en négligez une partie, ce ne sera pas impunément pour les autres. Si vous commencez par le désordre, vous vous en apercevrez nécessairement à ses suites. Cet enchaînement est nécessaire ; eh ! si l'on pouvait retirer de l'injustice et de l'absurdité les mêmes fruits que de la raison et de l'équité, où seraient les avantages de celles-ci ?

Vous vous écriez que si le tiers état s'assemble séparément pour former, non les trois états dits *Généraux*, mais l'Assemblée nationale, il ne sera pas plus compétent à voter pour le clergé et la noblesse que ces deux ordres ne le sont à délibérer pour le peuple. D'abord je vous prie de remarquer, ainsi que nous venons de le dire, que les représentants du Tiers auront incontestablement la procuration des vingt-cinq ou vingt-six millions d'individus qui composent la nation, à l'exception d'environ deux cent mille nobles ou prêtres. C'est bien assez pour qu'ils se décernent le titre d'Assemblée nationale. Ils délibéreront donc sans aucune difficulté pour la nation entière, à l'exception seulement de deux cent mille têtes.

Dans cette supposition momentanée le clergé pourrait continuer à tenir ses assemblées pour le don gratuit, et la noblesse adopterait un moyen quelconque d'offrir son subside au roi ; et pour que les arrangements particuliers à ces deux ordres ne pussent jamais devenir onéreux au Tiers, celui-ci commencerait par déclarer fortement qu'il n'entend payer aucune imposition qui ne serait pas supportée par les deux autres ordres. Il ne voterait le subside qu'à cette condition ; et lors même que le tribut aurait été réglé, il ne serait point levé sur le peuple, si l'on apercevait que le clergé et la noblesse s'en exemptassent sous quelque prétexte que ce fût.

Cet arrangement serait peut-être, malgré les apparences, aussi bon qu'un autre à ramener peu à peu la nation à l'unité sociale. Mais du moins il remédierait dès à présent au danger qui menace ce pays. Comment, en effet, le peuple ne serait-il pas saisi d'effroi en voyant deux corps privilégiaires, et peut-être un troisième mi-parti, se disposer, sous le nom d'États généraux, à décider de son sort, à lui imposer des destinées immuables autant que malheureuses ? Il est trop juste de dissiper les alarmes de vingt-cinq millions d'hommes ; et quand on fait tant que de *parler* constitution, il faut prouver, par ses principes et sa conduite, qu'on en connaît et qu'on en respecte les premiers éléments.

Il est constant que les députés du clergé et de la noblesse ne sont point représentants de la nation ; ils sont donc incompétents à voter pour elle.

Si vous les laissez délibérer dans les matières d'intérêt général, qu'en résultera-t-il ? 1° Si les votes sont pris par *ordres*, il s'ensuivra que vingt-cinq millions de citoyens ne pourront rien décider pour l'intérêt général, parce qu'il ne plaira pas à cent ou deux cent mille individus privilégiés ; ou autrement, que les volontés de plus de cent personnes seront frappées d'interdiction et anéanties par la volonté d'une seule.

2° Si les votes sont pris par *têtes*, à nombre égal, entre les privilégiés et les non-privilégiés, il s'ensuivra toujours que les volontés de deux cent mille personnes pourront balancer celles de vingt-cinq millions, puisqu'elles auront un égal nombre de représentants. Or, n'est-il pas monstrueux de composer une assemblée de manière qu'elle puisse voter pour l'intérêt de la minorité ? N'est-ce pas là une assemblée à l'*envers* ?

Nous avons démontré dans le chapitre précédent la nécessité de ne reconnaître la volonté *commune* que dans l'avis de la pluralité. Cette maxime est incontestable. Il suit qu'en France les représentants du Tiers sont les vrais dépositaires de la volonté nationale. Ils peuvent donc sans erreur parler au nom de la nation entière. Car, en supposant même les privilégiés réunis toujours unanimes contre la voix du Tiers, ils n'en seraient pas moins incapables de balancer la pluralité dans les délibérations de cet ordre. Chaque député du Tiers, d'après le nombre fixé, vote à la place d'environ cinquante mille hommes ; il suffirait donc de statuer que la pluralité sera de cinq voix au-dessus de la moitié dans la Chambre des communes, pour que les voix unanimes des deux cent mille nobles ou prêtres fussent couvertes par ces cinq voix et dussent être ainsi regardées comme indifférentes à connaître ; et remarquez que dans cette supposition j'oublie un moment que les députés des deux premiers ordres ne sont point représentants de la nation, et je veux bien admettre encore que siégeant dans la véritable Assemblée nationale, avec la seule influence pourtant qui leur appartient, ils opineraient sans relâche contre le vœu de la pluralité. Alors même il est visible que leur avis serait perdu dans la minorité.

En voilà bien assez pour démontrer l'obligation où sera le tiers état de former à lui seul une Assemblée nationale, et pour autoriser, devant la raison et l'équité, la prétention que pourrait avoir cet ordre de délibérer et de voter pour la nation entière sans aucune exception.

Je sais que de tels principes ne seront pas du goût même des membres du Tiers les plus habiles à défendre ses intérêts. Soit ; pourvu que l'on convienne que je suis parti des vrais principes, et que je ne marche qu'à l'appui d'une bonne logique. Ajoutons que le tiers état, en se séparant des deux premiers ordres, ne peut pas être accusé de faire *scission* ; il faut laisser cette imprudente expression, ainsi que le sens qu'elle renferme, à ceux qui l'ont employée les premiers. En effet, la pluralité ne se sépare point du tout ; il y aurait contradiction dans les termes, car il faudrait pour cela qu'elle se séparât d'elle-même. Ce n'est qu'à la minorité qu'il appartient de ne vouloir point se soumettre au vœu du grand nombre et par conséquent de faire scission.

Cependant notre intention, en montrant au Tiers toute l'étendue de ses ressources ou plutôt de ses droits, n'est point de l'engager à en user en toute rigueur.

J'ai annoncé plus haut pour le Tiers deux moyens de se mettre en possession de la place qui lui est due dans l'ordre politique. Si le premier, que je viens de présenter, paraît un peu trop brusqué ; si l'on juge qu'il faut laisser le temps au public de s'accoutumer à la liberté ; si l'on croit que des droits nationaux, quelque évidents qu'ils soient, ont encore besoin, dès qu'ils sont disputés même par le plus petit nombre, d'une sorte de jugement légal qui les fixe, pour ainsi dire, et les consacre par une dernière sanction ; je le veux bien ; appelons-en au tribunal de la nation, seul juge compétent dans tous les différends qui touchent à la constitution. Tel est le deuxième moyen ouvert au Tiers.

Ici nous avons besoin de nous rappeler tout ce qui a été dit dans le chapitre précédent, tant sur la nécessité de *constituer* le corps des représentants ordinaires, que sur celle de ne confier ce grand ouvrage qu'à une députation extraordinaire, ayant *ad hoc* un pouvoir spécial.

On ne niera pas que la Chambre du Tiers aux prochains États généraux ne soit très compétente assurément à convoquer le royaume en *représentation extraordinaire*. C'est donc à lui surtout qu'il appartient de prévenir la généralité des citoyens sur la fausse constitution de la France. C'est à lui à se plaindre hautement que les États généraux, composés de plusieurs ordres, ne peuvent être qu'un corps mal organisé, incapable de remplir ses fonctions nationales ; c'est à lui à démontrer en même temps la nécessité de donner à une députation extraordinaire un pouvoir spécial pour régler, par des lois certaines, les formes constitutives de sa législature.

Jusque-là l'ordre du Tiers suspendra, non pas ses travaux préparatoires, mais l'exercice de son pouvoir ; il ne statuera rien définitivement ; il attendra que la nation ait jugé le grand procès qui divise les trois ordres. Telle est, j'en conviens, la marche la plus franche, la plus généreuse et par conséquent la plus convenable à la dignité du tiers état.

Le Tiers peut donc se considérer sous deux rapports : sous le premier, il ne se regarde que comme *un ordre* ; il veut bien alors ne pas secouer tout à fait les préjugés de l'ancienne barbarie ; il distingue deux autres ordres dans l'État, sans leur attribuer pourtant d'autre influence que celle qui peut se concilier avec la nature des choses ; et il a pour eux tous les égards possibles, en consentant à douter de ses droits jusqu'à la décision du juge suprême.

Sous le second rapport, il est la *nation*. En cette qualité, ses représentants forment toute l'Assemblée nationale ; ils en ont tous les pouvoirs. Puisqu'ils sont *seuls* dépositaires de la volonté générale, ils n'ont pas besoin de consulter leurs commettants sur une dissension qui n'existe pas. S'ils ont à demander une constitution, c'est d'un commun accord ; ils sont toujours prêts à se soumettre aux lois qu'il plaira à la nation de leur donner ; mais ils n'ont à la provoquer sur aucune des questions qui sont nées de la pluralité des ordres. Pour eux il n'y a qu'un ordre, c'est-à-dire, il n'y en a point, puisque pour la nation il ne peut y avoir que la nation.

L'envoi d'une députation *extraordinaire* ou du moins la concession d'un nouveau pouvoir spécial, ainsi qu'elle a été expliquée ci-dessus, pour régler avant tout la grande affaire de la constitution, est donc le vrai moyen de mettre fin à la dissension actuelle et aux troubles possibles de la nation. N'y eût-il rien à craindre de ces troubles, ce serait encore une mesure nécessaire à prendre, parce que, tranquilles ou non, nous ne pouvons pas nous passer de connaître nos droits politiques et de nous en mettre en possession. Cette nécessité nous paraîtra plus pressante encore, si nous songeons que les droits politiques sont la seule garantie des droits civils et de la liberté individuelle. J'invite le lecteur à réfléchir sur cette proposition.

Je terminerais ici mon mémoire sur le tiers état, si je n'avais entrepris que d'offrir des moyens de conduite… Mais je me suis proposé encore de développer des principes. Qu'il me soit donc permis de suivre les intérêts du Tiers, jusque dans la discussion publique qui pourra s'élever sur la véritable *composition* d'une Assemblée nationale. Les représentants extraordinaires auront-ils égard, en fixant la constitution législative, à l'odieuse et impolitique *distinction* des ordres ? Ce n'est point des affaires ni du pouvoir que je vais parler, mais des lois qui doivent déterminer la composition personnelle des députations. Y mettra-t-on, outre les citoyens, des prêtres et des nobles à un autre titre que celui de citoyen ; et surtout leur laissera-t-on exercer, à cet égard, des droits séparés et supérieurs ? Grandes questions, dont il faut au moins exposer les vrais principes.

Attachons-nous d'abord à comprendre clairement quel est l'*objet* ou le *but* de l'assemblée représentative d'une nation ; cet *objet* ne peut pas être différent de celui que se proposerait la nation elle-même, si elle pouvait se réunir et conférer dans le même lieu.

Qu'est-ce que la volonté d'une nation ? C'est le résultat des volontés individuelles, comme la nation est l'assemblage des individus. Il est impossible de concevoir une association légitime qui n'ait pas pour objet la sécurité commune, la liberté commune, enfin la chose publique. Sans doute, chaque particulier se propose en outre des fins particulières ; il se dit : à l'abri de la sécurité commune, je me livrerai tranquillement à mes projets personnels, je suivrai ma félicité comme je l'entendrai, assuré de ne rencontrer de bornes légales à mes désirs que celles que la société me prescrira pour l'intérêt commun, auquel j'ai part et avec lequel mon intérêt particulier a fait une alliance si utile.

Mais conçoit-on qu'il puisse y avoir dans l'assemblée générale un membre assez insensé pour oser tenir ce langage : « Vous voilà réunis, non pour délibérer sur nos affaires communes, mais pour vous occuper des miennes en particulier et de celles d'une petite coterie que j'ai formée avec quelques-uns d'entre vous. »

Dire que des associés s'assemblent pour régler les choses qui les regardent en *commun*, c'est expliquer le seul motif qui a pu engager les membres à entrer dans l'association, c'est dire une de ces vérités premières si simples qu'on les affaiblit en voulant les prouver. Voilà donc l'objet de l'assemblée : les affaires communes.

Actuellement il est intéressant de s'expliquer comment tous les membres d'une Assemblée nationale vont concourir par leurs volontés individuelles à former cette volonté commune, qui ne doit aller qu'à l'intérêt public.

Présentons d'abord ce jeu ou ce mécanisme politique dans la supposition la plus avantageuse : ce serait celle où l'esprit public, dans sa plus grande force, ne permettrait de manifester à l'assemblée que l'activité de l'intérêt commun. Ces prodiges ont été clairsemés sur la terre, et aucun n'a duré longtemps. Ce serait bien mal connaître les hommes que de lier la destinée des sociétés à des efforts de vertu. Il faut que dans la décadence même des mœurs publiques, lorsque l'égoïsme paraît gouverner toutes les âmes, il faut, dis-je, que même dans ces longs intervalles l'assemblée d'une nation soit tellement constituée, que les intérêts particuliers y restent isolés et que le vœu de la pluralité y soit toujours conforme au bien général. Cet effet est assuré, si la constitution est supportable.

Remarquons dans le cœur des hommes trois espèces d'intérêt : 1° celui par lequel les citoyens se ressemblent ; il présente la juste étendue de l'intérêt commun ; 2° celui par lequel un individu s'allie à quelques autres seulement ; c'est l'intérêt de corps ; et enfin, 3° celui par lequel chacun s'isole, ne songeant qu'à soi ; c'est l'intérêt personnel.

L'intérêt par lequel un homme s'accorde avec tous ses coassociés est évidemment l'*objet* de la volonté de tous et celui de l'assemblée commune.

Chaque votant peut apporter à l'assemblée ses deux autres intérêts ; soit. Mais d'abord l'intérêt personnel n'est point à craindre ; il est isolé. Chacun a le sien. Sa diversité est son véritable remède.

La grande difficulté vient donc de l'intérêt par lequel un citoyen s'accorde avec quelques autres seulement. Celui-ci permet de se concerter, de se liguer ; par lui se combinent les projets dangereux pour la communauté ; par lui se forment les ennemis publics les plus redoutables. L'histoire est pleine de cette triste vérité.

Qu'on ne soit donc pas étonné si l'ordre social exige avec tant de rigueur de ne point laisser les simples citoyens se disposer en *corporations*, s'il exige même que les mandataires du pouvoir public, qui seuls par la nécessité des choses doivent former de véritables *corps*, renoncent tant que dure leur emploi à être élus pour la représentation législative.

Ainsi et non autrement l'intérêt commun est assuré de dominer les intérêts particuliers.

À ces seules conditions, nous pouvons nous rendre raison de la possibilité de fonder les associations humaines sur l'avantage général des associés et par conséquent nous expliquer la *légitimité* des sociétés politiques.

Ainsi et non autrement on arrive à la solution de notre problème, et l'on s'explique comment, *dans une Assemblée nationale, les intérêts particuliers doivent rester isolés, et le vœu de la pluralité doit y être toujours conforme au bien général.*

En méditant ces principes, on sent avec force la nécessité de constituer l'assemblée représentative sur un plan qui ne lui permette pas de se former un esprit de corps et de dégénérer en aristocratie. De là ces maximes fondamentales, suffisamment développées ailleurs [1], que le corps des représentants doit être régénéré par tiers tous les ans ; que les députés qui finissent leur temps ne doivent être de nouveau éligibles qu'après un intervalle suffisant pour laisser au plus grand nombre possible de citoyens la facilité de prendre part à la chose publique, qui ne serait plus,

1. Voyez les *Vues sur les moyens d'exécution*, Sect. III.

si elle pouvait être regardée comme la chose propre à un certain nombre de familles, etc.

Mais lorsqu'au lieu de rendre hommage à ces premières notions, à ces principes si clairs et si certains, le législateur crée au contraire lui-même des corporations dans l'État, avoue toutes celles qui se forment, les consacre par sa puissance, quand enfin il ose appeler les plus grandes, les plus privilégiées, et par conséquent les plus funestes, à faire partie sous le nom d'*ordres* de la représentation nationale, on croit voir le mauvais principe s'efforçant de tout gâter, de tout ruiner, de tout bouleverser parmi les hommes. Pour combler et consolider le désordre social, il ne restait plus qu'à donner à ces terribles *jurandes* une prépondérance réelle sur le grand corps de la nation ; et c'est ce qu'on pourrait accuser le législateur d'avoir fait en France, s'il n'était plus naturel d'imputer la plupart des maux qui affligent ce superbe royaume au cours aveugle des événements ou à l'ignorance et à la férocité de nos devanciers.

Nous connaissons le véritable *objet* d'une Assemblée nationale ; elle n'est point faite pour s'occuper des affaires particulières des citoyens, elle ne les considère qu'en masse et sous le point de vue de l'intérêt *commun*. Tirons-en la conséquence naturelle que le droit à se faire *représenter* n'appartient aux citoyens qu'à cause des qualités qui leur sont communes, et non à cause de celles qui les différencient.

Les avantages par lesquels les citoyens diffèrent sont *au-delà* du caractère de citoyen. Les inégalités de propriété et d'industrie sont comme les inégalités d'âge, de sexe, de taille, de couleur, etc. Elles ne dénaturent nullement l'*égalité* du civisme ; les droits du civisme ne peuvent point s'attacher à des différences. Sans doute, ces avantages *particuliers* sont sous la sauvegarde de la loi ; mais ce n'est pas au législateur à en créer de cette nature, à donner des privilèges aux uns, à les refuser aux autres. La loi n'accorde rien, elle protège ce qui est jusqu'au moment où ce qui est commence à nuire à l'intérêt commun. Là seulement sont placées les limites de la liberté individuelle. Je me figure la loi au centre d'un globe immense ; tous les citoyens sans exception sont à la même distance sur la circonférence et n'y occupent que des places égales ; tous dépendent également de la loi, tous lui offrent leur liberté et leur propriété à protéger ; et c'est ce que j'appelle les *droits communs* de citoyens, par où ils se ressemblent tous. Tous ces individus correspondent entre eux, ils négocient, ils s'engagent les uns envers les autres, toujours sous la garantie commune de la loi. Si dans ce mouvement général quelqu'un veut dominer la personne de son voisin ou usuper sa propriété, la loi commune réprime cet attentat, mais elle n'empêche point que chacun, suivant ses facultés naturelles et acquises, suivant des hasards plus ou moins favorables, n'enfle sa propriété de tout ce que le sort prospère ou un travail plus fécond pourra y ajouter, et ne puisse, sans *déborder* sa place légale, s'élever ou se composer en son particulier le bonheur le plus conforme à ses goûts et le plus digne d'envie. La loi, en protégeant les droits communs de tout citoyen, protège chaque citoyen dans tout ce qu'il peut être, jusqu'à l'instant où ses tentatives blesseraient les droits d'autrui [1].

Peut-être reviens-je un peu trop sur les mêmes idées ; mais je n'ai pas le temps de les réduire à leur plus parfaite simplicité ; et d'ailleurs ce n'est pas lorsqu'on présente des notions trop méconnues qu'il est bon d'être si concis.

Les intérêts par lesquels les citoyens se ressemblent sont donc les seuls qu'ils puissent traiter en commun, les seuls par lesquels et au nom desquels ils puissent réclamer des droits politiques, c'est-à-dire une part active à la formation de la loi sociale, les seuls par conséquent qui impriment au citoyen la qualité *représentable*.

---

1. Je ne me charge point de répondre aux pauvretés verbeuses, si plaisantes quelquefois par le non-sens, mais si méprisables par l'intention, que de petites femmes et de petits hommes débitent ridiculement sur l'épouvantable mot d'*égalité*. Ces malveillantes puérilités n'auront qu'un temps, et ce temps passé, un écrivain serait bien honteux d'avoir employé sa plume à réfuter de pitoyables radotages, qui étonneraient alors ceux même qui s'en honorent aujourd'hui et leur feraient dire avec dédain : *Mais cet auteur nous prend donc pour des imbéciles !*

Ce n'est donc pas parce qu'on est *privilégié*, mais parce qu'on est *citoyen*, qu'on a droit à l'élection des députés et à l'éligibilité. Tout ce qui appartient aux citoyens, je le répète, avantages communs, avantages particuliers, pourvu que ceux-ci ne blessent pas la loi, ont droit à la protection ; mais l'union sociale n'ayant pu se faire que par des points communs, il n'y a que la qualité commune qui ait droit à la législation. Il suit de là que l'intérêt de corps, loin d'influer dans la législature, ne peut que la mettre en défiance ; il sera toujours aussi opposé à l'objet qu'étranger à la mission d'un corps de représentants.

Ces principes deviennent plus rigoureux encore quand il s'agit des *ordres privilégiaires*. J'entends par privilégié tout homme qui sort du droit commun, soit parce qu'il prétend n'être pas soumis *en tout* à la loi commune, soit parce qu'il prétend à des droits *exclusifs*. Nous avons suffisamment prouvé ailleurs que tout privilège était, de sa nature, injuste, odieux et contraire au pacte social. Une classe privilégiaire est à la nation ce que les avantages particuliers sont au citoyen ; comme eux elle n'est point *représentable*. Je n'en dis pas assez, une classe privilégiaire est à la nation ce que des avantages particuliers *nuisibles* sont au citoyen ; le législateur fait son devoir en les supprimant. Ce parallèle présente une dernière différence : c'est qu'un avantage particulier nuisible aux autres est au moins utile à celui qui le possède, au lieu qu'une classe privilégiaire est un fléau pour la nation qui l'endure ; de sorte que pour arriver à une comparaison exacte, on est forcé de considérer la classe privilégiaire dans une nation, comme on regarderait sur le corps d'un malheureux une maladie affreuse qui lui dévorerait la chair vive. Couvrez-la, vous en avez besoin, de toutes les distinctions *honorifiques* dont vous pourrez vous aviser.

Une classe privilégiaire est donc nuisible, non seulement par l'esprit de corps, mais par son existence seule. Plus elle a obtenu de ces faveurs nécessairement contraires à la liberté commune, plus il est essentiel de l'écarter de l'Assemblée nationale. Le privilégié ne serait *représentable* que par sa qualité de citoyen ; mais en lui cette qualité est détruite, il est hors du civisme, il est ennemi des droits communs [1]. Lui donner un droit à la représentation serait une contradiction manifeste dans la loi ; la nation n'aurait pu s'y soumettre que par un acte de servitude ; et c'est ce qu'on ne peut supposer.

Lorsque nous avons prouvé que le mandataire du pouvoir actif ne devait être ni électeur ni éligible pour la représentation législative, nous n'avons pas cessé pour cela de le regarder comme un vrai citoyen ; il l'est comme tous les autres par ses droits individuels ; et les fonctions nécessaires et honorables qui le distinguent, loin de détruire en lui le civisme,

1. Voyez l'*Essai sur les Privilèges*.

loin de le choquer dans autrui, sont au contraire établies pour en servir les droits. S'il est pourtant nécessaire de suspendre l'exercice de ses droits politiques, que doit-ce être de ceux qui, méprisant les droits communs, s'en sont composé de tels que la nation y est étrangère, de ces hommes dont l'existence seule est une hostilité continuelle contre le grand corps du peuple ? Certes, ceux-là ont renoncé au caractère de citoyen, et ils doivent être exclus des droits d'électeur et d'éligible plus sûrement encore que vous n'en écarteriez un étranger dont au moins l'intérêt avoué pourrait bien n'être pas opposé au vôtre.

Résumons : il est de principe que tout ce qui sort de la qualité commune de citoyen ne saurait participer aux droits politiques. La législature d'un peuple ne peut être chargée de pourvoir qu'à l'intérêt général. Mais si, au lieu d'une simple distinction indifférente presque à la loi, il existe des privilégiés ennemis par état de l'ordre commun, ils doivent être positivement exclus. Ils ne peuvent être ni électeurs ni éligibles tant que dureront leurs odieux privilèges.

Je sais que de pareils principes vont paraître *extravagants* à la plupart des lecteurs. La vérité doit paraître aussi étrange au préjugé que celui-ci peut l'être pour la vérité. Tout est relatif. Que mes principes soient certains, que mes conséquences soient bien déduites, il me suffit.

Au moins, dira-t-on, ce sont là des choses absolument *impraticables* par le temps qui court. Aussi je ne me charge point de les pratiquer. Mon rôle à moi est celui de tous les écrivains patriotes ; il consiste à publier la vérité. D'autres s'en rapprocheront plus ou moins, selon leur force et selon les circonstances, ou bien s'en écarteront par mauvaise foi ; et alors nous souffrirons ce que nous ne pouvons pas empêcher. Si tout le monde pensait *vrai*, les plus grands changements, dès qu'ils présenteraient un objet d'utilité publique, n'auraient rien de difficile. Que puis-je faire de mieux que d'aider de toutes mes forces à répandre cette vérité qui prépare les voies ? On commence par la mal recevoir, peu à peu les esprits s'y accoutument, l'opinion publique se forme, et enfin l'on aperçoit *à l'exécution* des principes qu'on avait d'abord traités de folles chimères. Dans presque tous les ordres de préjugés, si des écrivains n'avaient consenti à passer pour *fous*, le monde en serait aujourd'hui moins *sage*.

Je rencontre partout de ces gens qui, par modération, voudraient *détailler* la vérité ou n'en présenter à la fois que de légères parcelles. Je doute qu'ils s'entendent lorsqu'ils parlent ainsi. À coup sûr ils ne considèrent pas assez la différence des obligations imposées à l'administrateur et au philosophe. Le premier s'avance comme il peut ; pourvu qu'il ne sorte pas du bon chemin, on n'a que des éloges à lui donner. Mais ce chemin doit avoir été percé jusqu'au bout par le philosophe. Il doit être arrivé au terme, sans quoi il ne pourrait point garantir que c'est véritablement le chemin qui y mène.

S'il prétend m'arrêter quand il lui plaît et comme il lui plaît sous prétexte de prudence, comment saurai-je qu'il me conduit bien ? Faudra-t-il l'en croire sur parole ? Ce n'est pas dans l'ordre de la raison qu'on se permet une confiance aveugle.

Il semble en vérité qu'on veut et qu'on espère, en ne disant qu'un mot après l'autre, surprendre un ennemi, le faire donner dans un piège. Je ne veux point discuter si même entre particuliers une conduite franche n'est pas aussi la plus habile ; mais à coup sûr l'art des réticences et toutes ces finesses de conduite, que l'on croit le fruit de l'expérience des hommes, sont une vraie folie dans des affaires nationales traitées publiquement par tant d'intérêts réels et éclairés. Ici le vrai moyen d'avancer ses affaires n'est pas de cacher à son ennemi ce qu'il sait aussi bien que nous, mais de pénétrer la pluralité des citoyens de la justice de leur cause.

On imagine faussement que la vérité peut se diviser, s'isoler et entrer ainsi, en petites *portions*, plus facilement dans l'esprit. Non : le plus souvent il faut de bonnes secousses ; la vérité n'a pas trop de toute sa lumière pour produire de ces impressions fortes, qui la gravent pour jamais au fond de l'âme, de ces impressions d'où naît un *intérêt* passionné pour ce qu'on a reconnu vrai, beau et utile. Faites-y attention : dans le monde physique ce n'est pas du rayon direct, c'est de ses reflets que naît la lumière ; dans le monde moral c'est du rapport et de l'ensemble de toutes les vérités qui appartiennent à un sujet. À défaut de cet ensemble, on ne se sent jamais suffisamment éclairé, et l'on croit souvent tenir une vérité, qu'il faudra abandonner à mesure qu'on méditera davantage.

Quelle pauvre idée on a de la marche de la raison, quand on pense qu'un peuple entier peut rester aveugle sur ses vrais intérêts, et que les vérités les plus utiles, concentrées dans quelques têtes seulement, ne doivent paraître qu'à mesure qu'un habile administrateur en aura besoin pour le succès de ses opérations ! D'abord cette vue est fausse, parce qu'elle est impossible à suivre. De plus elle est mauvaise ; ignore-t-on que la vérité ne s'insinue que lentement dans une masse aussi énorme que l'est une nation ? Il n'y aura toujours que trop de temps perdu. Ne faut-il pas laisser aux hommes que la vérité gêne le temps de s'y accoutumer ; aux jeunes gens qui la reçoivent avidement, celui de devenir quelque chose, et aux vieillards celui de n'être plus rien ? En un mot, veut-on attendre pour semer le moment de la récolte ?

La raison, d'ailleurs, n'aime point le mystère ; elle n'est puissante en œuvres que par une grande expansion ; ce n'est qu'en frappant partout qu'elle frappe juste, parce que c'est ainsi que se forme l'opinion publique, à laquelle on doit peut-être attribuer la plupart des changements vraiment avantageux aux peuples et à laquelle seule il appartient d'être utile aux peuples libres.

Les esprits, dites-vous, ne sont pas encore disposés à vous entendre, vous allez choquer beaucoup de monde ? Il le faut ainsi : la vérité la plus utile à publier n'est pas celle dont on était déjà assez voisin, ce n'est pas celle que l'on était déjà près d'accueillir. Non, c'est précisément parce qu'elle va irriter plus de préjugés et plus d'intérêts personnels qu'il est plus nécessaire de la répandre.

On ne fait pas attention que le préjugé qui mérite le plus de ménagement est celui qui se joint à la bonne foi ; que l'intérêt personnel le plus dangereux à irriter est celui auquel la bonne foi prête toute l'énergie du sentiment qu'on a pour soi la justice. Il faut ôter aux ennemis de la nation cette force étrangère, il faut, en les éclairant, les condamner à la conscience *affaiblissante* de la mauvaise foi.

Les personnes modérées à qui j'adresse ces réflexions cesseront de craindre pour le sort des vérités qu'elles appellent prématurées, lorsqu'elles cesseront de confondre la conduite mesurée et prudente de l'administrateur qui gâterait tout en effet, en ne calculant pas les résistances, avec le libre élan du philosophe que la vue des difficultés ne peut qu'exciter davantage, à qui il n'appartient même pas de négocier avec elles et qui est d'autant plus appelé à présenter les bons principes sociaux que les esprits sont plus encroûtés de barbarie féodale.

Lorsque le philosophe perce une route, il n'a à faire qu'aux *erreurs* ; s'il veut avancer, il doit les abattre sans ménagement. L'administrateur vient ensuite ; il rencontre les *intérêts*, plus difficiles à aborder, j'en conviens ; ici il faut un talent nouveau, une science plus rare, différente des seules méditations de l'homme de cabinet ; mais qu'on ne s'y trompe pas, bien plus étrangère encore à l'art de tels et tels ministres, qui se sont crus administrateurs, parce qu'ils n'étaient pas philosophes.

À son tour on voudra bien reconnaître, si l'on est juste, que les spéculations des philosophes ne méritent pas toujours d'être dédaigneusement reléguées dans la classe des pures chimères. Si l'opinion finit par dicter des lois même aux législateurs, certes, celui qui peut influer sur la formation de cette opinion n'est pas aussi inutile, aussi inactif que le prétendent tant de gens qui n'ont jamais influé sur rien.

Les discoureurs sans idées, et il en est quelques-uns de ce genre, rabâchent sans fin de misérables propos sur ce qu'ils appellent l'importance de la pratique et l'inutilité ou le danger de la théorie. Je n'ai qu'un mot à dire : supposez telle suite qu'il vous plaira de *faits* les plus sages, les plus utiles, les plus excellents possible ; eh bien, croyez-vous qu'il n'existe pas dans l'ordre théorique une suite d'idées ou de vérités exactement correspondante à votre chaîne pratique ? Si vous n'êtes pas hors de la raison, elle vous suit ; disons mieux, elle vous précède. Qu'est-ce que la théorie, s'il vous plaît, si ce n'est cette suite correspondante de vérités que vous ne savez point apercevoir avant leur *réalisation*, et qu'il faut bien cependant que quelqu'un ait aperçues, à moins que tout le monde n'ait opéré sans savoir ce qu'on faisait. Les gens qui pour l'ordinaire fatiguent la conversation des non-sens que je viens de relever ne sont en vérité pas plus à la pratique qu'à la théorie. Pourquoi ne prennent-ils pas le parti plus sage, plus *pratique*, de s'éclairer de l'une, s'ils en ont la faculté, au moins de profiter de l'autre, en se taisant sur des questions auxquelles ils peuvent au fond se consoler de ne rien entendre ? Revenons.

Enfin, dira-t-on, si les privilégiés n'ont aucun droit à intéresser la *volonté commune* à leurs privilèges, au moins doivent-ils en leur qualité de citoyens jouir, confondus avec le reste de la société, de leurs droits politiques à la représentation.

J'ai déjà dit qu'en revêtant le caractère de privilégié ils sont devenus les ennemis réels de l'intérêt commun ; ils ne peuvent donc point être chargés d'y pourvoir.

J'ajoute qu'ils sont les maîtres de rentrer, quand ils le voudront, dans la véritable nation, en se purgeant de leurs injustes privilèges ; ainsi c'est bien volontairement qu'ils s'excluent de l'exercice des droits politiques. Enfin, leurs véritables droits, ceux qui peuvent être l'objet de l'Assemblée nationale, leur étant communs avec les députés qui la composent, ils peuvent se rassurer, en songeant que ces députés se blesseraient eux-mêmes s'ils tentaient d'y nuire.

Il est donc certain que les seuls membres non privilégiés sont susceptibles d'être électeurs et députés à l'Assemblée nationale. Le vœu du Tiers sera toujours bon pour la généralité des citoyens ; celui des privilégiés serait toujours mauvais, à moins que négligeant leur intérêt particulier, ils ne voulussent voter comme de simples citoyens, c'est-à-dire comme le tiers état lui-même ; donc le Tiers suffit à tout ce qu'on peut espérer d'une Assemblée nationale ; donc lui seul est capable de procurer tous les avantages qu'on a lieu de se promettre des États généraux.

Peut-être pensera-t-on qu'il reste aux privilégiés pour dernière ressource de se considérer comme une nation à part et de demander une représentation distincte et indépendante. J'ai moi-même fait un moment cette supposition. Mais elle est inadmissible. Il a été démontré d'avance, au premier chapitre de cet écrit, que les ordres privilégiaires n'étaient point, ne pouvaient pas être un peuple à part. Ils ne sont et ne peuvent être qu'aux dépens d'une véritable nation. Quelle est celle qui consentira volontairement à une telle charge ?

La justice et la raison ne sauraient se plier à vos convenances. Ne demandez point quelle place enfin des classes privilégiées doivent occuper dans l'ordre social : c'est demander quelle place on veut assigner dans le corps d'un malade à l'humeur maligne qui le mine et le tourmente. Il faut la *neutraliser*, il faut rétablir la santé et le jeu de tous les organes, assez bien pour qu'il ne se forme plus de ces combinaisons morbifiques, propres à vicier les principes les plus essentiels de la vitalité. Mais on vous dit que vous n'êtes pas encore capables de supporter la santé ; et vous écoutez cet aphorisme de la sagesse aristocratique comme les peuples orientaux reçoivent les consolations du fatalisme. Restez donc malades !

Table

N° d'édition : L.01EHQN001036.N001
Dépôt légal : septembre 2018
Imprimé en Espagne par Novoprint (Barceclone)